셋이 타는 자전거

그 어떤 시련조차도 나는 은혜로웠다

셋이 타는 자전거

임경자 산문집

다이얼로그

작가의 말

이 글을 쓰면서 지난 생을 다시 살아 보았습니다. 부모를 잃은 어린 시절은 목적 없이 살아야 해서 슬픈 기억들이 많습니다. 그런데 곁에 누군가 있어 다시 걸음을 내디딜 수 있었습니다. 신앙의 길을 걸으며 시련에도 뜻이 있다는 것을 알게 됩니다. 이 길이 나의 길이라고 작정하니 힘들게 느껴지던 길이 조금은 가벼워졌습니다. 그 후 소명의식을 가지고 교회와 사회에 봉사하며 살았습니다. 거기에 따른 보람은 축복이었으며 믿음이 소중함을 알게 되었습니다. 그저 평범하게 살았다면 무슨 의미 있는 생이 되었을까 하는 생각이 듭니다. 편하게 살았을 수는 있었겠지만, 낮은 곳에서 하늘을 바라보며 뜨거운 눈물을 흘려보지는 못했을 것입니다. 평생을 반추하여 쓰다 보니 주변에 계신 분들이 등장하게 되는데, 그분들께 누를 끼치게 되면 어쩌나 하는 걱정이 앞섭니다. 그럼에도 불구하고 진솔하게 쓰려고 노력하였습니다.

2018년 11월

임경자

차례

작가의 말

제1부
마당 넓은 집

마지막 여행 ··· 13

그리운 외가 ··· 17

하수내 마을 ··· 22

항아리 ··· 26

보리 한 가마 ··· 30

흰 옷 ··· 33

마당 넓은 집 ··· 37

우물 ··· 41

소명(召命) ··· 44

상경 ··· 48

제2부
나무 사이로 비치는 햇살

서울 ··· 55

연애편지 ··· 59

노을 속으로 ··· 63

다시 서울로 ··· 68

방언 ··· 72

잘못된 사랑 ··· 77

수도원 ··· 81

회개 ··· 86

신학교 ··· 91

염습(殮襲) ··· 95

제3부
아버지 그늘

대수술 · · · 103
부녀상담소 · · · 108
아버지 그늘 · · · 112
서대문 교도소 · · · 118
결혼 · · · 122
양평교회 · · · 129
공도교회 · · · 135
임신 · · · 139
첫아이 · · · 143
헌 물 · · · 146
보수공사 · · · 152

제4부
셋이 타는 자전거

신월동교회 ··· 159
둘째 아이 ··· 163
시아주버니 ··· 166
은광교회 ··· 171
셋이 타는 자전거 ··· 175
두 집사 ··· 180
여성의 전화 ··· 184
친정아버지 ··· 187
시누 ··· 191
아들의 사춘기 ··· 197
배움의 길 ··· 202

제1부
마당 넓은 집

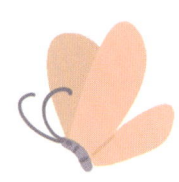

마지막 여행

  그해, 마을에 열병이 돌아 외삼촌과 마을 사람들이 세상을 떠났다. 조부는 장손을 잃은 슬픔을 견디지 못하고 전국을 돌아다니시다가 집에 돌아오셨을 때 조모는 둘째 삼촌을 낳으셨다. 삼촌 위로 누이가 둘이 있는데 첫째가 나를 낳은 어머니다.

  변산에 빨치산이 숨어 처녀를 잡아간다는 소문이 돌자, 조모는 스무 살이 안 된 딸을 시집보내게 된다. 어머니는 결혼 후 아버지를 따라 만주로 떠난다. 딸을 외국으로 보내고 조모는 딸이 보고 싶으면 먼 산을 바라보셨다. 나라 잃은 아픔을 겪으며 애국 운동을 하던 사람들이 만주에 숨어 살던 때였다. 어수선한 나라 사정에 편지도 주고받을 수 없었을 뿐만 아니라, 그 낭시 외국으로 가면 죽을지도 모른다고 생각하였다. 만주는 소가 끄는 쟁기로 밭을 갈며 온종일 갔다가 다음날 돌아오는 것이 밭갈이라는 얘기를 들었다. 만주에서 살 때 정장 차림으로 찍은 어머니 사진을 보면 신여성의 생활을 했던 것을 알 수 있다. 그러다가 해방이 되어 본국으로 들어오면서, 일곱 개의 짐을 꾸려 부쳤으나 하나도 받지 못했다. 갓난아기인 나를 데리고 본국에 들어와 살게 된 곳이 서울 해방촌이었다. 그곳에 피난민이 모여 살게 되면서 아버지는 판잣집을 지어 그들에게 팔았고, 어머니는 밤새 만든 물건을 다음날 내다 팔았다고 한다. 두 분이 바빠서 나와 놀아주지 못해 자동차가 지나간 바퀴 자국을 떠서 소꿉놀이하였다.

  백부님이 관절염이 심해 서울에서 치료받기 위해 식구들을 데리고 우리 집에서 함께 살게 되었다. 해방 직후, 다 어렵게 사는 때라 먹고 사는 일이 가장 큰 일이었다. 할머니가 계단 위에서 내 손을 놓쳐 아래로 굴렀던 일이 있었다. 아마도 명이 짧았으면 그 사고로 생명을 잃을 수도 있었다는 얘기를 들었다. 큰집 식구들이 많아 함께 사는 어려움이 있었는데, 큰어머니와 어머니가 같은 달에 아기를 낳게 되었다. 할머니가 두 사람의 산바라지를 하실 수 없다고 판단한 어머니는 친정에 내려가서 아기를 낳고 오기로 하였다.

1949년 섣달 스무날, 어머니는 만삭의 몸으로 어린 동생을 업고 내 손을 잡아 길을 나섰다. 이른 아침부터 기차를 타고 시골 읍에 내린 우리는 다시 버스를 타고 40여 분 동안 얼음판을 달렸다. 차에서 내려 눈길을 밟으며 십 리나 되는 외가 마을을 향해 걸어갔다. 문이 닫힌 썰렁한 장터를 지나 벌판으로 이어지는 길 위에서 밤을 맞았다. 어머니는 미끄러운 길에 내가 넘어지지 않게 하려고 애를 썼다. 나는 더딘 걸음을 떼어놓는 어머니의 치맛자락을 잡고 신작로를 따라 걸어갔다. 마침 장에 온 동네 사람을 만나 그분이 가방을 들고 나를 업고 앞서서 걸어가게 되었다. 산을 넘어 발목을 눈 속에 묻으며 외가가 있는 마을을 향해 가는 길은 멀기만 하였다. 우리는 불빛도 없는 좁은 냇둑 길을 따라 걸어갔다. 얼굴에 부딪는 찬바람을 헤치며, 걷는 발이 미끄러져 둑 아래로 빠질 것 같았다. 아저씨는 잠든 나를 자기 집에 눕혀놓고 어머니를 아랫말 외가에 데려갔다. 그 뒤 아저씨는 나를 다리 밑에서 주워왔다고 놀렸다.

　어머니는 몸살을 하며 얼굴에 누런 꽃이 피기 시작하더니, 설 지나 초아흐렛날 진통이 시작되었다. 삼촌이 읍내로 의사를 부르러 간 사이 어머니는 남동생을 낳았다. 조모는 탯줄을 묶은 실을 어머니 발가락에 묶어놓고 허둥지둥 부엌에 들어가 물을 데우고 있었다. 의사가 대문에 들어서는 순간, 어머니는 후산(後産)을 못한 채 묽은 피가 흥건한 짚자리에서 숨을 거두고 말았다. 그때 어머니 나이 스물네 살이었다. 유난히 추운 그해 겨울, 만삭의 어머니가 어린 우리를 데리고 긴 여행을 했으며, 무의촌에서 아이를 낳다가 세상을 떠났다. 어머니가 병원이 있는 서울에서 출산했더라면 하는 생각이 평생 가슴을 먹먹하게 한다. 그때는 눈이 참 많이 왔는데 눈길을 걸어 어머니와 마지막 여행을 했다. 모습이 떠오르지 않는 어머니가 평생 빛바랜 사진 속에서 침묵하고 있다.

그리운 외가

외가 마당에 오동나무 두 그루와 복숭아나무 두 그루가 서 있었다. 죽은 어머니의 관이 방을 나갈 때, 방 네 구석을 돌며 복숭아 나뭇가지로 관을 치는 것을 보았다. 조모는 딸의 관을 잡고 기절하셨다. 어머니가 우리 셋을 외가에 두고 산으로 간 뒤 남동생은 미음과 동네 젖을 얻어먹다가 열흘 후 어머니 뒤를 따라갔다.

초가 마을에 구름이 낮게 내려앉은 날, 어머니와 아기가 누웠던 방에 동네 사람들이 모였다. 사람들은 방 한가운데 소반을 이고 두려움에 떠는 어린 나와 무녀를 바라보고 있었다. 무녀는 내 머리 위에 쌓인 종이꽃을 들어 올렸다. 꽃들은 공중에서 무녀의 진혼곡과 항아리 북소리에 얹혀 흔들렸다. 흰 꽃이 된 어머니 넋의 마지막 인사를 무녀가 대신 해주고 있었다. "어머니! 어머니— 어린 것들 놓고 나는 가요." "잘 가그라! 아가!" 조모의 애간장이 녹는 울음소리에 방 안의 사람들과 내가 따라 울었다.

아내와 아들을 잃은 아버지는 나와 동생을 데리고 서울 집에 살게

된 지 몇 달 후 6·25 전쟁이 났다. 한강 다리가 끊어져 배를 타고 강을 건너 남쪽으로 내려갔다. 우리가 숨어 있는 다리 위에 폭탄이 떨어져 내가 기절하고 말았다. 얼마나 놀랐던지 눈을 하얗게 뒤집은 채 흔들어 깨워도 정신을 차리지 못했다고 한다. 그 일로 한쪽 눈이 정상으로 돌아오지 않았다. 초점을 잃은 눈으로 책을 보면 쉽게 피곤했다. 전쟁의 충격으로 입은 상처가 가슴속을 멍들게 했으며 사람들 앞에 잘 나서지 못했다.

내 소식을 들은 조모가 나를 데려오게 해서 외가에 살게 하였다. 참척(慘慽)의 고통을 겪으시는 조모는 늘 뒷마루에 앉아 장죽에 담배를 태우곤 했다. 두 자식을 가슴에 묻은 조모에게 집안 당숙이 담배를 피워보라고 한 것이다. 계절은 기다리지 않아도 마당에 있는 오동나무에 봄이 왔다. 나무는 넓은 잎을 들고 꽃을 피웠으며 가을이 되면 잎을 뚝뚝 떨어뜨렸다. 둥근 달이 뜬 날 밤이면 달을 보며 어머니를 그리워했다. 매달 뜨는 보름달은 어머니가 있는 쪽으로 기울었다. 조모는 어머니가 큰 자식이라 딸 생각하시는 마음이 크셨는데, 그렇게 보낸 딸 때문에 나를 곁에 두고 싶어 하셨던 것이다. 외가에 사는 나를 만나러 아버지가 동화책을 사 들고 찾아왔다. 그 후 해마다 오동꽃은 피었다 지고, 동화책 겉표지가 닳아져도 아버지는 오지 않았다. 철들어 가면서 어머니가 그리워지면 무덤으로 갔다. 그날도 어머니 무덤을 향해 걸어가면서 공깃돌을 주워 주머니에 넣었다. 황톳길을 달리던 차가 일으키는 흙먼지를 뒤집어쓰며 돌밭 길을 타박타박 걸었다. 무덤에 꽃 대신 솔가지를 놓고 앉아 돌로 '엄니'라고 써놓고 어머니를 속으로 불러보았다. 한 번도 불러보지 못한 그리운 이름이었다. 내려오다 다시 뒤돌아보니 산 아래쪽에 메밀꽃이 흐드러지게 피어 있었다. 그 후로 메밀밭을 보면 뜨거운 것이 목으로 올라오곤 하였다. 어머니에 대한 추억이 이것뿐이라 그리움은 슬픔이 되어 평생 아프게 살았다. 봄이 되면 푸른빛과 꽃이 지천인데 어머니는 이런 것들을 보지 못하며 겨울이 오면 무덤에 쌓일 눈을 생각한다. 지금도 겨울에서 봄이 지나는 동안 계절 우울증을 앓고 있다.

어머니가 떠난 뒤, 마당가 오동나무는 위로 자랐으며 복숭아나무는 옆으로 자랐다. 복숭아나무에 봄이 되면 언 가지에 꽃이 피었다. 화사한 분홍치마를 입은 어머니가 다니러 온 것 같았다. 나는 꽃 진 그늘에 서서 매일 그것을 바라보았다. 탱글탱글하던 열매는 노을빛을 들여 붉어지더니 몸에서 과즙이 툭! 터져 나올 것 같았다. 할아버지는 익은 복숭아를 따서 바구니에 조심스럽게 담으시며 "복숭아는 털이 있어 몸에 닿으면 따가우니라." 하셨다. 가족이 둘러앉아 잘 익은 복숭아를 먹었다. 복숭아나무는 일찍 익는 것과 늦게 익는 두 종류였다. 일찍 익은 복숭아는 알이 크고 말랑말랑했는데, 그 큰 몸으로 어떻게 가지에 매달려 있었는지 신기했다. 늦은 복숭아는 작고 단단했다. 나무에 잘 매달려 여름을 보내며 연초록 몸매를 자랑하는 것이었다. 바람이 잎을 흔들어 열매들을 다독이는 것을 보며 복숭아가 붉어지기를 기다렸다.

산으로 간 어머니 꿈꾼 날 아침 마당에 내려갔다. 복숭아는 몸이 갈라지며 붉은 속을 보였다. 장대를 들고 툭 쳤더니 두서너 개가 땅에 떨어졌다. 논에서 돌아오신 조부께서 "익으면 한꺼번에 따 먹자고 하지 않았냐!" 하셨다. 나는 고개를 푹 숙이고 담 모퉁이에 앉아 젖은 옷소매를 말리고 있었다. 조모가 내 옆에 앉더니 검은 점들이 박힌 개복숭아를 손에 쥐어 주셨다. 한 입 베어 물었더니 입 안에서 써걱써걱 소리가 났다. 먹어도 또 먹어도 허기진 시절 다시 봄이 오기를 기다렸다.

오동나무가 서 있는 마당 넓은 외가는 내 마음의 은신처가 되었다. 외가 식구들이 서울로 이사 와 살고 있지만, 조모는 언제나 무명옷을 입고 툇마루에 앉아 계신다.

하수내 마을

마을 사람들은 모두 석유 등잔불을 켜고 살았다. 석유를 유리병에 사다 놓고 조금씩 등잔에 넣어 썼다. 기름이 병에 가득 들어 있을 때 작은 등잔에 넣기가 어려워 손이나 등잔받침에 흘리게 되어 이 일은 꼭 조모님이 하셨다. 밤에 석유가 떨어지면 등잔에 채울 때까지 몇 번이고 성냥을 켜서 비춰 드려야 했다. 석유 등잔 옆에서 위험천만한 일이었으나 불이 난 적은 없었다. 조모는 석유가 묻은 손을 머리에 쓱쓱 닦는 것이었다. 그 후 조모는 등잔에 기름이 떨어졌는지 낮에 확인해 두는 것을 잊지 않으셨다. 나는 석유 사 오는 심부름을 가면서 병을 깨트릴까 봐 가슴에 안고 다녔다. 그것을 본 조부가 병목에 노끈으로 고리를 묶어주어 들고 올 수 있게 해주셨다. 그런데 병 끝이 땅에 닿을까 봐 높이 들고 오게 되어 팔이 아팠다.

큰 방에 작은 등잔불 하나로 살았기 때문에 식구들이 이 사냥을 하려면 돌아가면서 해야 했다. 내복 솔기에 숨어 있는 어미 이를 발견하면 너무 커서 소리를 지르며 화로에 털어 넣었다. 또 옷 솔기를 양손으로 잡고 등잔불에 대고 지나가면 서캐 터지는 소리가 났다. 이가 물

어서 가려운 생각을 하며 어찌나 시원했던지, 떨어진 내의 기운 틈에 숨어 있는 이를 찾으려고 기를 썼다. 그러다가 앞머리를 불에 태우기도 했다. 등잔불 앞에 앉아 있는 사람의 그림자는 벽에 거인처럼 나타났다. 벽에 손가락 그림자놀이를 하는 것으로 웃어 볼 수 있었다. 이불 하나로 온 식구가 덮고 자며 겨울을 지나다 보면 이불깃에 손때가 묻어 반질반질했다.

설이 다가오면 식구들이 돌아가며 목욕을 하였다. 뒤껻 군불 때는 부엌 가마솥에 물을 끓여 아궁이 앞에서 씻었다. 물이 아궁이로 스며들어 불기가 점점 약해져도 그 불의 열기로 몸을 닦았다. 몸이 얼어 입혀지지 않는 내복을 입고 방에 들어가 웅크리고 있어야 했다.

같은 성씨가 모여 사는 마을에서 외가는 종갓집이었다. 유교 사상이 깊은 집안 어른들이 설날이나 제삿날 외가에 모였다. 제사 전날 유기그릇을 멍석에 내놓고 짚수세미에 기와 가루를 묻혀 윤이 나도록 닦았다. 대접과 주발이 열두 벌이 넘고 수저, 화로, 밥통, 국자, 주걱 등등 멍석에 가득하였다. 평상시에는 사기그릇을 썼지만, 제사 때마다 유기그릇을 닦아 썼다. 제사음식으로 불린 쌀을 곱게 빻아 커다란 떡시루에 쪄냈다. 또 돼지기름을 둘러가며 전을 부쳤다. 음식 냄새가 집 안에 가득한 데다 많은 음식을 했으므로 보는 것만으로도 배가 불렀다. 대청에 둔 조청 항아리를 열어 손가락으로 찍어 먹으면 몰래 먹어서인지 달고 맛이 있었다.

집안 어른들이 잘해 주었어도 나는 눈치를 보며 살았다. 학교에 갈 나이가 훨씬 지났으나 보내주지 않는 외가 어른들에게 말도 못하고 있었다. 식구들이 집을 비운 날 방문을 잠그고 앉아 훙얼거리며 훌쩍이고 있었다.

> 아버지 학교에 보내주세요
> 동무들이 가는 학교에 보내주세요
> 나도 어머니가 살아있다면
> 학교 가라 학교 가라 그러실 텐데
> 어머니가 없어서 못 가는구나…….

남자들만 학교에 보내는 것이 부러워 그 당시 여자아이들이 부르던 노래였다. 나는 그 노래의 가사를 바꿔 부르고 있었다. 마침 조부가 문 밖에서 듣고 다음날 이모와 같이 학교에 데리고 가셨다.

항아리

　외가에는 항아리가 많았다. 열두 동이 드는 항아리에 물을 길어다 부었다. 물동이가 오지그릇이라 물을 채워 머리에 올리려면 무거워 다리가 떨리고 그릇을 깰까 봐 겁이 났다. 똬리가 떨어지지 않게 하려고 끈을 입에 물고 동이를 머리에 올렸다. 겨울철에는 물동이를 이고 오는 중에 흐르는 물로 머리카락이 얼고 물 묻은 치맛자락이 버석거렸다. 양동이가 나오면서 물지게로 물을 길어 항아리를 빨리 채울 수 있었다. 모든 것이 부족하던 때였지만 우물만큼은 퍼내고 또 퍼내어도 솟아 나왔다. 우물물은 여름에는 시원하고 겨울에는 따뜻했다. 지게는 두 팔이 달린 끝에 고리를 달아 양동이 중간 대를 걸었다. 처음에는 뒤에서 누가 잡아당기는 것 같았으나, 두 손을 잡아 배에 붙이고 윗몸을 앞으로 숙이면 중심이 잡혔다. 그러나 양동이가 흔들리면 물이 쏟아질 것 같아 양동이 중간을 잡고 걸어야 했다. 조모는 반 동이만 지고 다니라고 하셨지만, 물독이 빨리 채워지기를 바라며 가득 지고 다녔다.

　식구들이 많아 매일 물을 길어다 항아리에 채워놓아야 했다. 부엌에 묻은 항아리에는 먹을 우물물을 길어다 부었고, 밖에 있는 항아리에는 허드레로 쓰는 개울물을 길어다 부었다. 외가 마을이 오래전 바다였던 간척지라 우물물이 짜서 비누가 잘 풀리지 않았다. 그래서 빨래는 꼭 개울에 가서 했으며 세숫물로도 길어다 썼다. 개울물이 마를 때는 어쩔 수 없이 우물물을 써야 했다.

항아리에 물이 찰랑찰랑하게 다 채워지면 물지게를 지고 노인의 움막으로 갔다. 노인이 좋아서 함빡 웃는 모습을 보려고 매일 물을 지고 가서 독에 부었다. 어린 마음에도 온종일 적적했을 노인을 웃게 해줄 수 있는 것이 그것뿐이라는 생각이 들었다. 외가와 담 사이를 두고 사는 노인은 두 아들이 6·25 전쟁 때 전사하고, 며느리도 친정으로 가버려서 혼자 살고 있었다. 노인은 설거지를 끝내고 학교로 뛰어가는 나를 불러 꼬투리째 삶은 콩을 손에 놓아 주었다. 그렇게 노인은 집 앞에서 기다렸다가 무엇인가를 내게 주는 재미로 사셨다. 훗날 내가 서울로 올라갔을 때 노인이 세상 뜨시기 전 나를 한번 보는 것이 소원이라고 했다는 얘기를 들었다.

늦봄 항아리 속에 남은 벼를 찧어 밥을 지어야 했으므로 조모는 독 안으로 어린 나를 들여보냈다. 독 안에 남아 있는 곡식을 밖으로 퍼내기 위해 나는 요긴한 존재였다. 나는 바가지로 바닥을 긁어 곡식을 퍼냈다. 남은 벼를 찧어 보릿고개를 넘어야 했는데 텅 빈 항아리를 보면 더 배가 고픈 것 같았다. 투박하지만 맑은 울림을 주는 항아리 소리로 곡식을 담아 위로 올리는 것이었다.

플라스틱 그릇이 나오기 전이라 큰 오지그릇과 작은 사기그릇을 썼다. 설거지를 끝낸 자배기를 들고 마당으로 나갔다. 마당에 뿌리면 먼지가 가라앉고 그 안에 든 밥알을 닭들이 주워 먹었다. 마루에 앉아 계시던 조모가 "저것이 그릇 깨겠다!"라는 말이 떨어지는 동시에 자배기는 마당에서 산산조각이 났다. 무거운 오지그릇을 들고 반원을 그리듯 물을 뿌리려는데 손에서 미끄러진 것이다. 담 모퉁이에 쪼그리고 앉아 노을을 지고 가는 새를 바라보았다.

보리 한 가마

　보릿고개를 넘으며 쌀밥 한번 먹어보는 것이 소원이던 시절이었다. 양식이 떨어져 대식구의 아침밥을 지으려면 윗마을 방앗간에 실려 간 보리를 찧어 와야 하였다. 아이 중에서 큰 내가 보리를 찧으러 갔다.
　많은 사람이 줄을 서 있는 끝에 앉아 순서를 기다렸다. 사람들이 모두 돌아가고 내 차례가 되어 보리를 찧고 있는데 밤은 점점 깊어가고 있었다. 보리의 껍질이 깎여지고 난 끝에 가루도 개떡을 만들어 먹기 위해 쓸어 담아 보릿자루에 넣었다. 방앗간 아저씨가 머리에 올려준 자루를 이고 밖으로 나왔다. 기계 소리가 박힌 귀는 먹먹했고, 밝은 곳에서 나오니 밖은 더 캄캄했다. 몇 발짝 걸어가는데 방금 찧은 보리로 인해 머리가 뜨거워 정신이 없었다.
　방앗간에서 외가로 가는 길은 긴 수로로 이어져 있었다. 수리조합에서 가득 보내주는 물을 논에 대지만 비가 많이 오면 물을 빼기도 했다. 그렇게 물꼬를 열었다 막았다 하는 바람에 길이 젖어 있었다. 그 길을 자루를 이고 걷자니 닳아진 고무신이 너무 미끄러웠다. 그리고 물꼬를 넓게 만들어놓은 곳은 펄쩍 뛰어넘었다.

외가 동네는 전기도 없어 칠흑 같은 어둠 속에서 도깨비가 튀어나올 것만 같았다. 그렇게 듣기 좋았던 솔바람 소리도 귀곡성으로 들렸다. 멀리 보이는 봉분 같은 초가집들 사이로 죽은 사람이 걸어 나오는 것이었다. 엄지발가락에 힘을 주며 어둠을 밟으면서 걸어갔다. 개들도 다 자는지 고요한데 물 고인 고무신 속에서 개구리 울음소리가 치맛단을 잡고 따라왔다. 늘 다니던 마을 뒷길을 두고 마을 한가운데 우물 앞을 지나 집에 도착했다. 자루를 마루에 털썩 내려놓자, 자던 식구들이 문을 박차고 나왔다. 하늘로 올라가는 머리를 잡고 있는데 조모가 소리쳤다. "저것이, 이 무건 걸 이고 오밤중에 어떻게 왔냐!" 나는 아무 말도 못하고 얼얼한 머리를 자꾸 만졌다. 그 뒤로 마을 사람들은 나를 보면 '보리 한 가마'를 전설처럼 얘기하였다.

'억지(抑止)가 평범(平凡)을 이긴다'는 말이 있다. 아마도 어른들은 방앗간에 찧을 보리가 밀려 있어 순서 기다리는 일을 하라고 나를 보냈는지 모른다. 그런데 어린 마음에 두고 오지 못해서 이고 왔다. 키워주신 조부모님께 보답하는 길은 일을 해서 인정받고 싶었던 마음 때문이었을 것이다.

흰 옷

　조부모님은 겨울에는 솜을 넣은 명주나 옥양목으로 만든 한복을 입으셨다. 옷을 빨 때는 꿰맨 곳을 뜯고 솜을 꺼낸 다음 냇가에 가서 얼음을 깨고 초벌 빨래를 하였다. 가마솥에 양잿물을 넣고 삶아 다시 냇가에 가서 빨았다. 볕에 말렸다가 물에 담가 두기를 반복하면 양잿물이 쏙 빠지는 것이었다. 그렇게 해서 옥같이 하얗게 된 천은 빨랫줄에서 푸른 하늘에 대고 펄럭였다. 풀을 먹여 밤 깊도록 조모와 마주 앉아 다듬이질하면 그 소리가 리듬을 타고 마을로 퍼져 나갔다. 비단처럼 윤이 나게 된 천으로 소매를 붙이고, 섶을 단 다음 솜을 넣어 뒤집는 것이었다. 두루마기는 더 복잡했지만 그래도 똑같이 뜯어 빨았다. 봄, 가을에는 솜만 넣지 않을 뿐 같은 방법으로 옷을 빨아 꿰맸다. 그렇게 하면 다시 새 옷이 되었다.

　조모는 동네에 상이 나면 으레 불려가서 상복 마름질을 하셨다. 상주가 되는 분의 상복은 여러 개의 삼베 조각을 옷에 붙여 왼쪽으로 꼰 새끼줄로 허리와 머리에 두르게 했다. 어느 집이든 상이 나면 사흘 동안 마을 사람들은 머리를 감지 않는 것이 돌아가신 분에 대한 예의였다. 그리고 상가에서 '아이고! 아이고!' 하는 곡소리가 나면 상청에 메를 올리고 있다는 것을 마을 사람들이 다 알았다. 곡소리는 고요를 깨트리며 초가 마을에 청승맞게 퍼져 나갔다. 동네에 사는 삼촌이 "그 소리는 영어로 나는 간다라는 뜻이야."라고 말해 마을 아이들을 웃게 하였다. 조용한 마을의 개 짖는 소리조차도 정겨운 곳이었다.

흰 옷을 입는 때였지만 이모와 내 치마는 검정 물을 들여 입게 해주셨다. 또 광목천으로 겹버선을 만들어 신게 했으나, 버선 바닥은 이내 검게 되고 며칠 못 가서 구멍이 나는 것이었다. 때 묻은 버선 바닥에 새 천을 대고 올을 따라가며 기워 신었다.

나일론 양말이 나오자 삶지 않아도 되고 때가 잘 빠졌으며 질겨서 대단한 인기를 끌었다. 조부는 흰 양말목에 바지 끝을 말아 대님을 맨 다음 흰 고무신을 신고 나들이 가셨다. 장에 가시면 돼지고기나 생선을 사서 새끼줄에 묶어 오셨다. 가마솥에 쌀뜨물을 붓고 국을 끓여 식구들이 포식했기 때문에 장날이 오기를 기다렸다. 또 장에 가시면 검정 고무신도 사 오셨다.

낚시를 가실 때도 흰 바지, 저고리를 입고 저수지로

가셨다. 점심때 조부가 드실 도시락을 가지고 둑에 올라서면, 맑은 물가 넓은 돌 위에 조부가 시조를 읊으며 앉아 계셨다. 먼 길을 걸어온 나를 보고 긴 수염을 쓸어내리며 웃음으로 반가워하셨다. 오후가 되면 조부가 언제 오시나 마을 뒤쪽에 눈길을 두었다. 대바구니에 든 붕어를 그릇에 쏟아놓으면 산 것들은 그릇 밖으로 튀어나가 펄떡거렸다. 조모가 오동잎을 따다 펼쳐놓고 붕어의 비늘을 벗기고 뱃속을 꺼내면 알이 가득 들어 있는 것도 있었다. 옆에서 부레를 터트려 보고 씻은 고기를 가마솥에 넣어 뼈가 무를 때까지 불을 땠다. 고기보다 국물이 더 맛이 있었다. 조부는 날마다 낚시를 가셨는데 저 수지 푸른 물가에 선비처럼 앉아 계실 모습을 생각하며 한나절을 보내다가, 저녁때가 되면 길 끝에 흰 옷을 입고 하염없이 걸어오시는 모습을

발견하고, 달려가서 대바구니를 받아 들었다. 들어보면 알기 때문에 고기를 많이 잡으셔서 무겁다고 호들갑을 떨었다. 그러나 고기를 적게 잡은 날은 힘없이 걸어오시던 모습을 잊을 수 없다. 조부는 식구들이 저녁을 맛있게 먹는 모습을 보는 것만으로 낙이셨다. 그렇게 날마다 붕어탕을 먹어도 질리지 않았다.

사람들은 모두 흰 옷을 입고 농사도 짓고 나들이도 하였다. 비누도 없이 어떻게 황토물이 든 빨래를 해서 입고 살았을까 싶다. 나는 조부모님이 어디 가시면 언제 오시나 마을 입구에서 기다렸다. 멀리서 걸어오시던 모습이 항상 눈에 선하고 그 흰 옷은 슬픔이 되기도 하였다.

마당 넓은 집

자식을 잃은 조모는 평생 가슴앓이 병을 달고 살았다. 조모는 툇마루에 앉아 두 주먹으로 가슴을 치며 우시다가 정신을 잃을 때가 있었다. 자주 일어나는 일이라 들판으로 뛰어가 질경이뿌리를 캐다가 즙을 짜 입에 넣으면 정신을 차리고 눈을 뜨셨다.

외가의 가세가 점점 기우는 가운데 숙모는 네 명의 딸을 낳아 딸 부잣집이 되었다. 이중에서 내가 큰언니 역할을 해야 했다. 외가는 농가라 곡식을 많이 널어놓은 날 갑자기 비가 오면, 그 많은 알곡을 담아들이는 일이 큰일이었다. 얼마나 급하던지 허둥대다 꾸중을 들었다. 어른 입장에서는 급해서 얼결에 섞여 나온 욕 한마디였으나 그 말은 오래도록 가슴 깊숙이 박히게 되었나.

조부는 농사일이 많아도 여자들이 논에 나가는 것은 못하게 하셨다. 양반 집안이라 그래야 한다고 믿으셨지만, 여자들도 품을 팔러 나갔다. 그리고 집안일 중에서 물 긷는 일을 여자들이 맡아서 하였다. 벼 삼십 섬을 짓던 대가여서 열두 동이 드는 독이 많았는데 시골에서 큰 독이 많아야 부잣집 소리를 들었다. '정월에 간장 담는 것이 소금

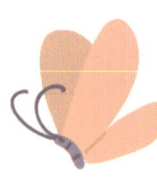

이 덜 든다'는 속설로 정월 마지막 말(午) 날에 장을 담았다. 이른 새벽 맑은 물을 길어다 항아리에 붓고 장대로 소금물을 저었다. 소금물에 메주를 띄운 뒤 어지러운 심사를 닦듯 매끄럽고 배부른 독들을 닦고 또 닦았다. 햇살 좋은 날을 골라 장독 뚜껑을 열어보면, 붉은 고추와 검은 숯과 노란 메주가 잘 어울려 장물 위에 떠 있는 것이었다. 장독대 뒤에 나리꽃과 맨드라미가 피면 나비들이 날아와 꽃 속을 들여다보거나 독 위에도 앉았다가 날아가는 모습이 그림 같았다. 겨울에는 장독들이 눈을 이고 앉아 있는 모습 또한 볼 만하였다. 뒤뜰 툇마루에 앉아 고즈넉한 장독대를 바라보면 마음이 편안해졌다.

외가는 안방, 대청, 작은방이 있는 안채와 마당 끝에 사랑방, 곡간, 헛간이 있었다. 가을에 한 번씩 문을 떼어 새 한지를 발랐는데 조부는 꼭 나를 불러 그 일을 시키셨다. 물을 뿌려 두었다가 헌 종이를 떼어내고 풀 먹인 종이를 두 사람이 동시에 문틀 위에 놓아야 했다. 대청 문이 두 짝씩이고 앞뒷문이 있으니 문짝의 수가 많아 문을 바르는 데 하루해가 저물었다.

방마다 다락이 있지만, 작은방 다락에 올라가 누워 있으면 시원했다. 장으로 뒷마당을 내다보는 것도 재미있었다. 그런데 나락방에 또 다락이 있는 거기에 누룩을 숨겨두었다. 입구에 커다란 광주리를 걸어두면 그 안에 다락이 있는 것을 식구들 외에 아무도 몰랐다. 종갓집이라 자주 술을 담아 제사에 쓰고 조부께서 반주로 마셨다. 그래서 누룩이 떨어지면 안 되었다. 나라에서 술 담그는 일을 못하게 하던 때여서 가끔 누룩을 감춰두었는지 조사하러 나왔다. 조모는 그것을 들킬

까 봐 벌벌 떨고 계시는 곁에서 덩달아 나도 떨었다. 들키면 엄청난 벌금을 내야 했기 때문이었다.

조부께서 한학을 하시고 삼촌에게 전수하셔서 삼촌은 늘 붓으로 한문을 썼다. 삼촌이 고등학교에 다닐 때 하모니카를 불어 그 소리가 봄빛 가득한 마당에 퍼지는 것이 어찌나 듣기 좋았던지 몸이 공중에 둥둥 떠다니는 것 같았다.

나는 너른 마당을 매일 쓸었다. 대빗자루로 마당을 쓸고 나면 환한 마당이 가슴으로 들어왔다.

우물

　윗마을에 오래된 우물이 있었다. 그 우물은 단물이었고 우물 둘레에 턱이 있어 두레박을 올려놓거나 물동이를 올려놓아 머리에 이기 좋게 만들어져 있었다. 그런데 이 턱에 아이가 올라가 두레박을 넣으려다 빠졌다. 들에 일하러 갔던 사람들이 달려오고, 집안 당숙이 우물에 들어가 죽은 아이를 업고 나왔다. 그 뒤 마을에 흉한 소문이 돌면서 사람들이 우물에 가기를 꺼렸다. 날을 잡아 우물 대청소를 하려고 남자들이 모여 물을 퍼내고 사람이 들어가 우물 바닥을 닦아냈다.

　나는 끝말에 살고 있어서 그 우물에 가는 일이 없었지만, 학교에 가려면 그 우물을 지나야 했다. 그 후 우물에 가는 일이 전 같지 않았는데 우물 속에서 손이 나와 잡아당기는 것 같았다. 이른 새벽 불을 지고 오면 뒤에서 누가 발뒤꿈치를 잡는 것 같아 뒤쪽에 남게 되는 발을 빠르게 앞으로 옮겨야 했다. 또 우물로 가면서 바라보면 향나무가 사람이 앉아 있는 것처럼 보였다. 이 향나무는 사람들이 제삿날 베어다 향으로 썼기 때문에 크게 자랄 수가 없었다. 나무는 옆구리에 연붉은 속살을 드러내고 있어 그것을 만져보면 혈흔이 느껴졌다. 간단한 빨래나 채소를 씻기 위해서도 우물에 갔으므로 우물에서 보내는 시간이 많았다. 두레박으로 물을 퍼 올려 그릇에 쏟아부으면 물살이 시원하게 퍼졌다. 우기에는 우물물이 많아져 물을 퍼 올리기 쉬울 때도 있었지만, 건기가 되면 우물은 점점 깊어졌다. 두레박줄이 짧아져 몸의 반을 우물 속에 넣고 물을 퍼 올리려다 닳아진 새끼줄이 툭 끊어질 때가 있었다. 두레박을 건져야 하는 일로 급한 걸음으로 집에 가서 낫을 가져다 새끼줄을 묶어 우물 속에 넣고 흔들었다. 어쩌다 두레박 모서리가 낫 끝에 걸려 살금살금 줄을 잡아 올리다가 놓치기도 했다. 악! 소리가 저절로 나왔다.

나는 혼자 있는 것을 좋아해 우물 시멘트 바닥에 앉아 있곤 했다. 아무도 없는 우물곁에 앉아 저녁노을에 빠져들었고 〈동심초〉를 자주 불렀다. 그 노래가 중국 당나라의 여류시인 '설도'의 「춘망사(春望詞)」라는 것, 설도의 시 4수 중 3수를 김억 시인이 번역하여 가곡으로 부르게 되었다는 것을 후에 선생님을 통해 알게 되었다.

> 꽃잎은 하염없이 바람에 지고　風花日將老
> 만날 날은 아득타 기약이 없네　佳期猶渺渺
> 무어라 맘과 맘은 맺지 못하고　不結同心人
> 한갓되이 풀잎만 맺으려느냐　空結同心草

조모는 내게 어째서 우물에서 청승을 떨다가 오느냐고 꾸중하셨다. 그러나 그렇게 해서 쓸쓸한 마음을 달랬다. 우물에 가는 것도 외가 식구들이 안 보는 곳에 앉아 있기 위함이었다. 사방이 벌판이라 마을을 등지고 우물 뒤쪽에 앉아서 잘려 나간 향나무의 상처를 만졌다. 겉으로 난 상처는 시간이 가면 없어졌지만, 마음에 난 상처는 세월이 가도 낫지 않았다. 그런 나를 달 저쪽에서 어머니가 알아줄 것 같았다.

소명(召命)

조부를 따라 처음 학교에 들어가게 된 나는 2학년 교실 뒤쪽에 꾸어다 놓은 보릿자루처럼 앉아 있었다. 학교에서 돌아온 내게 조부는 무엇을 배웠는지 내놓으라고 하셨다. 백지를 접어 만든 공책에 적어 온 것을 보여드렸더니 "이걸, 글씨라고 썼냐! 다음에는 잘 써가지고 오너라." 하셨다. 고무장갑도 없던 시절 빨래나 설거지를 하다 보면 손등이 터서 친구들이 볼까 봐 손을 감춰야 했다. 그러나 학교에 다니게 된 것이 참으로 좋았다. 산수 시간에 선생님이 "1m는 100cm!"라고 가르쳤고, 다음날 기억하고 있는지 물었다. 나도 모르게 대답을 했다가 맞혔다고 칭찬받았다. 그 한 번의 칭찬은 공부를 열심히 하게 되는 계기가 되어 졸업할 때까지 우등상을 놓치지 않았다.

사학년이 되었을 때 새 책이 나오지 않아 임시 담임은 주산을 가르쳐주었다. 선생님은 내가 호산을 잘한다고 육학년에서 잘하는 남학생을 불러와 시합을 시켰다. 이기고 지는 것이 중요한 것이 아니라 선생님과 급우들에게 관심을 받게 된 것이 좋았다. 그러나 음악 시간에는 점수에 들어가는 시험을 본다고 해도 책상 밑으로 들어가 나오지 않았다. 결국, 선생님은 노래시키는 것을 포기하였다.

　여름방학이 시작된 새벽에 마을 청소를 하려고 회관 앞에 모였다. 윗동네에 있는 교회 전도사님은 모인 우리에게 여름성경학교에 꼭 나오라고 하고 갔다. 환하게 웃으며 말하던 그 전도사님에게 약속해서 처음으로 교회에 가게 되었다. 외가는 유교 집안이었지만 고집을 부리며 교회에 다니는 손녀를 그냥 두고 보기로 한 것 같았다. 새벽기도에 간다고 매일 나가는 나를 말리지 못하셨다. 조부는 혹시라도 어두운 밤길에 무슨 일이 생길까 봐 걱정하셨을 것이다. 출입문 앞에 누워 계시는 조부가 깨실까 봐 문을 들어서 살짝 열고 나와도 찬바람이 들어가 잠이 깨시는 것이었다. 으음! 하고 돌아눕는 소리를 들으며 고양이처럼 마루를 걸어 대문을 빠져나갔다. 그렇게 혼자 다니다가 뒷집에 사는 여자 친구를 불러 같이 다니게 되었다. 매일 골목길을 돌아 친구 집으로 가서 깨우려면 어른들이 깰까 봐 조심해야 했다. 그날도 방문을 아무리 살살 두드려도 친구가 나오지 않아 혼자서 교회에 갔다. 교회로 가는 길 끝에 빈집이 있었는데 달걀귀신이 나온다는 소문이 있었다. 그 집을 돌아갈 때면 귀신 이야기가 꼭 생각났으며, 정말 달걀귀신이 똑똑거리며 튀어나오는 것 같았다. 두근거리는 가슴을 안고 교회 문을 열자 그 친구가 앞에 앉아 있는 것이었다. 나는 속으로 반갑기도 하고 먼저 온 친구가 서운하기도 했다.

　전교 어린이회장을 뽑는 일에 여자 후보로 그 친구와 같이 나가게 되면서 둘 사이에 경쟁이 생겼다. 마을에 사시는 학교 선생님이 그 친구를 예뻐하셨다. 남자 후보 다섯 명과 여자 두 명이 조회 시간에 회

장이 되면 어떤 일을 하겠다는 다짐을 발표해야 했다. 선생님들과 학생들 앞에서 말하기란 쉽지 않았다. 내 친구는 그 선생님이 원고를 잘 써주셔서 외웠다고 자랑하는 것이었다. 나도 잘하고 싶어서 삼촌 방 앞에 세 번 갔다가 포기하고 말았다. 결국, 무슨 말을 했는지도 모를 정도로 떨다가 교단에서 내려왔다. 여자는 다 떨어지고 전체 어린이회 시간에 여자 부회장을 뽑는 자리에서 내가 되었다.

　공부를 잘해도 칭찬해주는 사람이 없었으므로 상장들을 대청 책장

서랍에 넣어두었다. 여름이 되면 학질을 앓아 솜이불을 덮고도 떨었다. 군의관으로 있던 이모부가 다니러 와서 나를 보더니 약을 보내겠다고 하였다. 나는 어른들이 주는 대로 약을 먹은 후 속에서 불이 났다. 알고 보니 하루에 한 알 먹어야 하는데 세 알을 먹었던 것이다. 그런데 그 일이 있은 뒤 다시는 학질을 앓는 일이 없었다.

어머니 없이 산다는 것은 기가 죽는 일이었다. 언제나 외톨이인 내게 한쪽 아버지마저 십 년 동안 소식이 없었다. 그 빈자리를 교회에 가서 기도하는 일과 공부를 열심히 하는 것으로 채우고 있었다. 공부할 학생이 많은 외가에서 중학교에 보내달라고 할 수 없는 형편이라 위에 계신 하나님께 소원을 빌었다. 아버지를 만나 학업을 계속할 수 있도록 해주시기를 날마다 기도했다. 그리고 하나님께서 꼭 들어주실 것이라고 믿었다.

초등학교를 졸업한 지 몇 개월이 지난 늦봄이었다. 중학교에 들어가는 친구들을 보며 공부를 계속할 수 없다는 생각에 힘을 잃어가고 있었다. 집에서 먼 논에서 일하고 마을 쪽으로 돌아오고 있을 때, 마을 입구에 서 있던 이모가 형부한테서 편지가 왔다고 내주었다. 외가에 맡겨두고 연락이 없는 아버지에게 공부를 계속하고 싶으니 데려가 중학교에 보내 달라고 편지를 보냈었다. 그 편지는 시청에 근무하는 큰아버지를 통해 아버지에게 보내졌고 답장이 온 것이었다. 하나님이 기도를 들어주셔서 답장이 온 것이라고 믿었다.

"네가 쓴 편지를 보고 울었다. 네 말대로 이제 다 모여서 오손도손 살아보자."

상경

 오랫동안 정들었던 식구들과 헤어져 서울로 올라갈 준비로 마음이 들떠 있었다. 서울에 가면 언제 외가에 다시 내려오게 될지 모르는 일이라, 마지막 새벽기도에 흰 옷을 만들어 입고 갔다. 목사님께 서울에 가게 되었다고 인사를 드렸더니 내게 안수기도를 해주셨다. 새벽마다 기도하던 딸 하나님의 큰 일꾼 삼아 달라는 소원의 기도였다.
 숙모는 명절이 되면 나와 이모들, 외사촌들에게 새 옷을 만들어 입혀 주었다. 그러려면 음식을 만들고 나서 밤을 새워 옷을 만들었다. 우리는 한 해에 두 번 새 한복과 새 고무신을 받는 일이라, 그 밤 동안 옷이 만들어지는지 가슴 졸이며 기다렸다. 숙모는 아버지를 만나러 간다고 컬러가 달린 감색 정장을 만들어 입혀 주었다. 중학생이 된 것 같은 내게 삼촌은 서울에 가면 새어머니에게 머리가 배꼽에 닿을 정도로 인사를 해야 한다고 일러주었다.
 어머니와 같이 외가에 왔다가 혼자서 아버지를 만나러 가는 발걸음이 무거웠다. 짐은 학교에서 받은 성적표와 상장이 전부였다. 외가 마을을 뒤로하며 떡을 해서 이고 가시는 조모 뒤를 따라 기차역으로 갔다. 어머니의 무덤을 지날 때 자꾸만 뒤를 돌아보았다.

영등포역에 내렸으나 어떻게 나가야 할지 몰랐다. 사람들이 나간 뒤에도 할머니와 나는 홈에 앉아 있었다. 대기실에서 기다리던 아버지가 우리를 찾아내어 나가자고 했다. 생전 처음 만나는 어색함으로 아버지를 따라갔다. 아버지는 공장 바닥에 늘어져 있는 자재들과 기계가 있는 곳을 지나 구석방에 들어가라고 하였다. 새엄마는 눈이 푹 들어간 사람이었고 이복동생 둘이 있었다.

아버지는 내 편지를 받고 큰집에 있는 동생도 올라오라고 했다고 하였다. 세 살 되던 해 헤어진 동생을 만나게 되어 꿈을 꾸는 것 같았다. 다음날 조모는 엄마 떨어지는 아이처럼 매달리는 내 눈빛을 두고, 떨어지지 않는 발걸음으로 시골로 가셨다. 동생은 백부가 공무원인 큰집에서 도시 생활을 했기 때문인지 시골말을 쓰지 않았다. 우리는 떨어져 산 세월로 서먹해서 눈치만 보고 있었다. 형제라는 것은 같이 자라며 다투기도 하고 다독이며 살아야 추억이 쌓이고 정이 든다. 새엄마는 나보다 동생이 대하기 편한 듯 보였으나 자신이 낳은 아이들에게 저절로 가는 정을 쏟았다. 아버지도 중간에서 어쩔 수 없는 일들이 생겼나.

새엄마는 자신의 아이들을 가르쳐야 한다는 생각뿐이었다. 아버지를 만나면 모든 것이 좋아지리라고 생각했던 기대는 사라지고 공장 식구들이 먹고 쓸 물을 길어와야만 했다. 수도는 골목을 두 번 돌아 끝 집이었는데 양동이에 물을 받아들고 오다 보면 흘리고 반쯤 남았다. 물 긷는 일을 서울에서도 하게 될 줄은 몰랐다. 공부하려면 일을

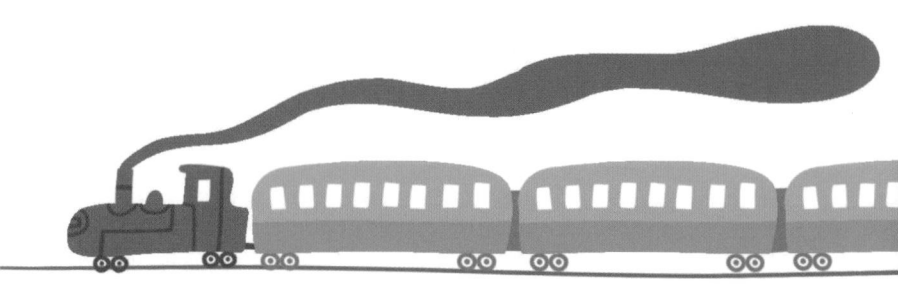

해놓고 하라는 새엄마의 말을 거절할 수 없었다. 새엄마는 물 긷는 일을 하는 것을 보고 공장 식구들 밥하기, 빨래하기 등 쉴 새 없이 일을 시켰다. 사방이 막힌 마루 밑에 있는 아궁이에 윗몸을 들여놓고 연탄을 갈아 넣는 것도 시켰다. 탄 재를 꺼내다가 깨트리면 국자 같은 것으로 퍼내야 했는데 거기에서 나오는 먼지와 열기로 연탄을 갈아 넣는 일이 너무 싫었다. 그래도 공기구멍이 막혀 있지 않나 손을 넣어 확인한 다음, 불이 남아 있는 연탄을 밑에 놓고 새 탄을 그 위에 놓았다. 아궁이 불을 자주 확인해서 공기구멍을 막을 것인지도 살펴야 했는데 연탄가스 냄새가 지독했다. 아궁이는 깊었으며 팔이 닿지 않아 끙끙거렸다. 연탄불이 꺼지면 다시 피우기 어려워 꺼지지 않게 잘 지켰다가 새 탄으로 갈아 넣는 일을 반복해야 하였다. 그 후로부터 연탄불이 꺼져 안간힘을 쓰는 꿈을 자주 꾸었다.

쪽문을 열고 나가면 공장건물 주인집 마당에 새로 놓은 수도가 있었다. 주인집 아주머니는 월남하신 분인데 K대학에 다니는 남동생이

있었다. 가끔 주인집 아이들이 나를 따라와 옛날얘기를 듣다가 잠이 들었다. 아이를 안고 가서 문을 두드리면 그 대학생이 나와서 아이를 받아갔다. 그가 문간 마루에 앉아 하모니카를 불면, 외가에서 듣던 하모니카 소리가 생각나 당장 시골로 달려가고 싶었다. 그 대학생은 '모든 것은 때가 있다'는 긴 자작시를 써서 책과 함께 주었다. 쇼펜하우어가 쓴 철학책을 읽고 또 읽어 보았으나 어려웠다.

제2부
나무 사이로 비치는 햇살

서울

아버지가 동생과 나를 사립학교(고등공민학교)에 데리고 갔다. 동생은 4학년에 들어가고, 나는 5월 중순에 중학교에 들어갔지만, 같은 학교에 다니게 되어 좋았다.

음악 선생님이 칠판에 악보를 그려놓고 여기에 맞는 노랫말을 짓는 사람 있으면 그 가사로 노래를 가르쳐주겠다고 하였다. 도시에도 봄이 왔으나 시골에서 본 '봄 바다'를 떠올려 가사를 지어 보이자, 선생님이 만든 곡에 노랫말을 붙여 가르쳤다. 며칠 뒤 소풍을 갔는데 산 아래에서 음악 선생님이 허밍으로 '봄 바다'를 부르는 것을 들었다. 바다에 떠가는 배를 상상하며 선생님의 머리카락이 바람에 흩날리는 것을 바라보았다.

외가에서 학교에 다니며 받은 상장을 아버지에게 보였다. 그런데 아무 말도 하지 않는 아버지 방을 나와 책상 위에 올려놓았다. 며칠 뒤 추억이 담긴 그 상자가 없어진 것을 알았다. 새엄마는 내 우울한 기분을 무시하며 잘못한 것도 없는데 무릎 꿇고 앉아 있게 하였다. 동생이 보는 앞에서 기막힐 노릇이었다. 새 학기 중간에 학교에 들어갔으니

교복이 문제였다. 새엄마가 시장에서 스커트를 사왔는데 친구들과 달라 학교에 갈 때마다 신경이 쓰였다. 더군다나 세탁하려고 물에 넣었더니 물감이 빠지고 양쪽으로 늘어지는 것이었다. 내 모습을 본 아버지가 양장점에 데리고 가서 군청색 스커트(코르덴 텍스로 당시 최상품)를 맞춰 주었다. 겨울 바지를 입게 되어 방에 보기 좋게 걸어놓고 학교에 갔다 왔더니, 그 치마마저도 없어져 버렸다. 계속해서 내 소중한 것이 사라지는 바람에 울고 싶었다. 사건을 알아버린 할머니가 아버지에게 말해 새엄마와 싸움이 벌어졌다. 며칠 동안 집안에 찬바람이 불고 식구들이 서로 불편했다.

새엄마가 이불 빨래를 시켜 시골에서 하던 대로 홑청을 빨아 삶고 풀을 먹여 다듬이질하는데 그 홑청을 가져다 물속에 집어넣는 것이었다. 무슨 말이라도 해야 하는데 외가에서 잘 못 가르쳤다고 할 것 같아 꾹 참았다. 시험 기간에도 일을 시켜 끝내고 늦은 시간에 책상에 앉으면 잠이 쏟아졌다. 그래서 학교에 남아 시험 공부하느라 늦게 오니 일하기 싫어서 이제 왔다고 저녁밥을 굶으라고 했다. 그러다 보니 온종일 먹은 것이 없다가, 고픈 배를 채우려고 먹어 위장이 나빠지게 되있다. 내일 아침 식구들 밥을 해놓고 집을 나서면 그 순간부터 자유가 되었다. 따뜻한 밥상을 받아보지 못한 나와 동생은 아버지와 살아도 행복하지 않았다.

학교에서 주중에 한 시간 예배드리러 교회에 가는 날이 있었다. 그 교회에 주일에도 다니게 되었다. 교감 선생님이 목사님이셨는데 열정적으로 하나님 말씀을 선포하셨다. 그런데도 마음이 뜨거워지거나 변

화되지 못했다.

  나는 휴일이 되면 남산 팔각정까지 걸어 올라갔다. 길 양옆으로 나무들이 서 있는 것을 바라보며 걸었다. 산비탈에 서 있는 나무는 쓰러지지 않으려고 뿌리가 위쪽의 흙이나 바위를 안간힘으로 붙잡고 있겠다고 생각했다. 그 나무들 사이로 비치는 햇살을 보았고, 내 허기진 삶의 틈으로 빛이 들어오는 것을 느끼며, 자연 속에서 평온을 찾았다. 하나님의 손길이었다.

연애편지

준혁과 나는 초등학교 4학년 때부터 반, 부반장을 하면서 지냈다. 외가 뒷마을에 사는 준혁과 토요일 전교 어린이회를 마치면 좁은 냇둑 길을 걷게 되었다. 말없이 걷다가 다른 길로 해서 집으로 돌아오곤 했다. 복도에서 만나 선생님이 찾으신다고 해도 고개만 끄떡하며 교무실로 향했다. 점심시간에 책을 들고 학교 뒤 나무 밑에 앉아 시간이 지나면 교실로 돌아왔다. 그런 내 모습을 그 친구가 보면 어떻게 생각할까. 한바탕 울다 지쳤을 때 누가 곁에 있어 주었으면 하며 학교를 마쳤다.

서울에 올라와서 준혁에게 편지를 보냈다. 글씨를 잘 썼던 그 친구는 성인의 말을 봉함엽서에 빼곡하게 써서 보내주어 그 글을 읽고 또 읽었다. 다시 시골에 가고 싶다고 쓴 편지를 종이비행기로 접어 날렸다. 준혁이가 먼저 써서 날려주기도 하였다. 종이비행기는 해를 바꾸며 계절 따라서 오갔다. 어느 날 학교에서 돌아와 보니 새엄마가 그 편지를 읽었는지 피도 안 마른 것들이 연애질한다고 하는 것이었다. 나는 편지로 인해 또 어떤 말을 듣게 될지 몰라, 편지함을 들고 공터로

가서 모두 태워 버렸다. 아마도 전에 내 물건이 없어졌던 기억 때문이었으리라. 나를 판도라라고 불러 준 친구에게 다시는 편지를 보내지 않았다. 그렇게 없어진 편지 때문에 후회도 여러 번 했으나 그래도 계절은 지나갔다.

우연히 제주에 있는 대학생을 알게 되어 편지를 받게 되었다. 우리는 매주 화요일 동시에 편지를 보냈고, 이틀 뒤 새 편지를 받았다. 성탄절이 다가오는 어느 날 산타 복장을 한 집배원이 선물상자를 주고 갔다. 그 안에는 해변에서 종일 주웠다는 이름 모를 조개껍데기와 하얀 산호가 가득 들어 있었다. 그 선물을 준혁의 편지처럼 잘 간직했다. 그리고 그것을 끝으로 누구에게도 편지를 하거나 받지 않았다. 아무것도 할 수 없다는 것은 청춘을 다 써버린 노인 같았다. 공원 의자에 눈을 감고 앉아, 노을을 이고 나는 새를 보았던 추억에 젖어 지냈다. 사소한 일들이 삶의 일부가 되기도 하였지만, 힘든 시절을 견디게 해준 것은 순혁의 편지였다.

외가에 살 때 틈만 나면 책을 읽었다. 친척 집에 놀러 가서 책이 눈에 띄면 빌려 와 밤 깊도록 읽었다. 조부께서 "그만 자거라." 하시며 말려도 다 읽을 때까지 손에서 내려놓지 않았다. 읽은 책의 내용을 식구들에게 이야기로 꾸며 들려주었다. 이야기를 재미나게 해보려는 마음으로 가마니를 짜면 힘든 줄 모르게 시간이 지나갔다. 그렇게 책에서 얻은 지혜로 편지를 써서 보냈던 것 같다.

노을 속으로

아버지가 물건을 만들어 군납하는 과정에서 문제가 생겨 CI에서 사람들이 나와 아버지를 데려갔다. 아버지가 장교 대신 잘못을 지고 재판을 받게 되고 구치소에 들어갔다. 그 일로 학교에 다닐 수 없게 되었다고 담임에게 말했더니, 아버지가 나올 때까지 선생님 집에서 지내며 학교 공부를 마치면 안 되겠냐고 하였다. 그 얘기를 삼촌에게 했더니 그럴 수 없다고 시골로 같이 내려가자는 것이었다. 한 학기만 마치면 졸업이었는데 동생은 큰집으로 나는 외가로 내려가게 되었다. 새엄마도 동생들과 친정으로 갔다. 새엄마는 어른이니까 자식들을 데리고 아버지가 나올 때까지 집을 지키고 있어야 했다. 나는 성공할 사람처럼 서울에 올라갔다가 실패하고 고향에 돌아온 낭아 같은 기분이 들었다.

외가로 내려와 있게 되자, 서울에 살며 보고 싶었던 너른 하늘을 매일 바라보게 되었다. 말없이 바라보고 있으면 황금빛 노을 속으로 몸이 빨려들어 가는 것 같았다. 들녘에서 불어오는 바람이 거기에 있었다.

반질반질하게 길이 난 마루에 등 대고 누워 있으니 어렸을 때 계집아이로 돌아가 있었다. 서울말을 하는 도시아이로 변한 나를 보려고 동네 친구들이 모였다. 그 마을에서 서울에 간다는 것은 젊은이들의 꿈이었으며, 서울에 가면 무엇이든 다 이룰 수 있다고 생각했었다. 나는 뒷집에 사는 친구에게 기술을 배우면 좋을 거라고 해주었다. 시골에 살아도 뭔가 해야 한다고, 도시 생각을 말해준 것이다. (나중에 미싱 자수를 배운 기술로 서울 큰 시장에 점포를 냈다)

어려서 새벽기도 다니던 교회에 갔더니 주일학교에 나와서 도우라고 했다. 어린아이들과 놀며 태어나서 처음으로 많이 웃게 되었다. 다시 시작한 새벽기도에 이모들과 외사촌이 같이 다니게 되었다. 우리는 찬송가를 부르며 두 동네를 한 동네처럼 건너다녔다. 모내기하면서도 찬송가를 속으로 불렀으며, 주일에 일이 맞추어지면 무거운 마음으로 교회 종소리를 들었다.

마을에는 재봉틀이 있는 집이 드물었다. 외가는 일제 '싱가'를 샀는데 고장이 한 번도 나지 않았다. 틈틈이 재봉틀을 배워 나비가 달린 원피스를 만들어 친척집 아이들에게 입혔다. 친척 어른들이 칭찬해 주셨는데 그 따뜻한 말이 나는 좋았다. 조부님의 장갑을 짜 드리며 기약 없는 시간을 보냈다. 시골은 마을을 밤처럼 덮고 있는 정적이 있다. 귀를 막고 있는 것 같은 느낌이라고 하면 될까. 가끔 개 짖는 소리와 수탉의 울음이 그 고요를 깨곤 하였다.

마당에서 벼 타작을 하는 날이었다. 일꾼들이 모여서 산처럼 쌓인

　볏단을 끌어내려 벼를 훑으면 먼지 속에서 정신이 없었다. 이모와 나는 부엌에서 일꾼들의 밥을 짓느라고 장독대에 오르내렸다. 법석거리던 마당이 밥을 먹느라 조용해졌을 때 나는 가마솥에 숭늉을 끓이고 있었다. 밖에서는 물을 가져오라는 소리가 빗발쳤다. 나는 쌀뜨물을 넣고 끓이는 중이라 팔팔 끓으면 떠 가려고 급하게 불을 땠다. 쌀뜨물로 구수한 숭늉을 만들어 사람들이 마시게 해주고 싶었다. 조모가 부엌에 들어오셔서 물은 왜 끓이느라 늦느냐고 화를 내셨다. 그러한 일도 삶의 일부가 되어 시간에 잊혀 갔다.

　어느 날 생각지도 못했는데 새엄마가 찾아왔다. 새엄마는 외가에서 그리 멀지 않은 곳이 친정이었는데, 동생들을 데리고 내려와 있으려니 무료했을 것 같았다. 그런데 어떻게 전 부인의 친정에 올 수 있었는지 이해가 되지 않았다. 물론 나를 보러 왔다고 말했으나, 처음 찾아온 사람이 빈손으로 오다니 어떤 이유가 있을 거라는 생각이 들었다.

새엄마는 세 번째 낳은 동생을 업고 와서 해주는 밥을 먹으며 태연하게 지냈다. 전에 나에게 대하던 찬바람 나는 목소리를 감추고 기저귀를 가져오라고 해서 가방을 열어보니, 아버지가 보낸 편지가 가득 들어 있었다. 그것을 본 순간 '새엄마한테 이렇게 많이 보내면서, 이 자식한테는 한 번도 안 보내다니……' 속으로 투덜거렸다. 며칠 뒤 버스 정류장에서 새엄마가 삼촌 후배를 만나고 있는 것을 삼촌에게 들키고 말았다. 결국, 새엄마가 나를 보러온 것이 아니라는 것이 증명되는 순간이었다.

아버지 회사에서 일을 끝내고 집으로 가는 언덕길을 오르고 있었다. 큰길에서는 몰랐는데 누가 따라오는 것을 느끼고 돌아보니, 삼촌 후배가 나를 잡아 두 팔로 담에 가두고 입을 맞추려고 했다. 나는 힘껏 가슴을 떠밀고 집으로 왔다. 그날 밤 새엄마는 밤 1시가 넘어도 돌아오지 않았다. 회사에서 그 사람을 만나면 외면해버렸다. 삼촌을 생각해서라도 나에게 그런 행동을 해서는 안 되는 것이었다. 아무에게도 말할 수 없는 일이라 우울하게 지냈다. 공원에 가서 의자에 앉아 있으면 어둠은 넓어서 그 품에 안겨 마음이 고요해지기를 바랐다. 삼촌의 후배는 스스로 하향해서 그 일은 잊고 지내게 해주었다. 그런데 새엄마의 등장으로 지난 일들이 영화의 필름처럼 다시 떠올랐다.

내가 시골에 와 있다는 것을 준혁이 알았으면 하는 마음이었다. 작은 신장에 얼굴이 검은 편이었는데 세월이 흘렀으니 어떻게 변했는지

보고 싶었다. 그동안 마음속에 쌓아두었던 추억이 시골에 오니 다시 되살아난 것이다. 편지 속에 속리산 수학여행에서 찍은 사진을 보내주었는데 교복을 입은 모습이었다. 늦은 밤 용기를 내어 뒷집 친구와 준혁을 만나러 갔다. 사람의 마음을 들뜨게 만드는 달 밝은 밤이었다. 친구와 건네는 밤은 우리의 무대가 되었다. 보고 싶었다는 얘기는 못했지만 벌판에 쏟아지는 유성을 바라보며 둑길을 걷고 또 걸었다. 서울에 올라가야 하는데 다시 못 볼 것 같았다. 늦게 돌아온 나를 조모는 불편한 눈길로 바라보셨다. 나를 데려다주고 가는 친구에게 편지를 보내지 못한 이유를 말하지 않았다.

다시 서울로

다시는 만날 수 없을 것 같았던 준혁을 만나고 서울로 가는 마음이 따스했다. 기차 안에서 흐린 창문을 바라보며 이제는 다시 만날 수 없겠다고 생각했다. 달빛에 반짝거리는 물결을 보는 것도, 둑길을 걸으며 나누던 얘기도 추억으로 접어두어야 했다. 편지를 보낸다든가 하는 일도 없이 이렇게 서로의 길을 가게 되겠구나 하면서 서울역에 내렸다. 비 오는 날은 버버리를 입고 서울 거리를 걸어 다니며 사색을 즐겼다. 흩어진 가족이 서울에 다시 모였으나 서먹하기는 마찬가지였다.

이문동에 사는 사촌언니가 집에서 한과를 만들어 백화점에 납품하고 있었다. 아버지를 만나러 온 형부를 따라 언니 집으로 갔다. 한과는 만드는 과정이 복잡하지만 먹으면 입에서 살살 녹았다. 백화점에서 주문이 오면 양

손에 5관씩 들고 버스를 타고 배달하고 돈을 받아왔다. 버스에 타고 내릴 때 행여 부서질까 몸보다 물건을 더 챙겨야 했다.

언니 집에는 동갑인 사촌이 서울대학 약학과에 다니고 있었다. (현재 미국에서 큰 약국을 하며 자기 형제들을 데려가 잘살고 있다) 사촌을 대하면 내 꼴이 초라하고 기죽는 일인데, 일하는 모습을 사촌에게 보이는 것이 더 괴로운 일이었다. 하지만 새엄마와 같이 지내는 것보다는 나았다. 그런 사촌이 있는 것으로 내가 조금 괜찮은 집안을 가진 사람이 된 것 같기도 했다.

사촌언니는 형부 몰래 가까운 시장에 물건을 팔아오게 했다. 그 돈을 절에 다니며 사용하면서 내게 용돈을 주었다. 같이 일을 하는 아이가 내게 돈 준다는 사실을 형부에게 말하는 바람에 의심받는 것이 싫어 언니 집을 나왔다. 그 일로 언니 집에 일이 많아지니 싫어서 나간 거라고 오해를 받았다.

김장 하려고 집안이 정신없는 날, 새엄마가 동생의 머리채를 잡아 한 움큼 뽑아놓고, 둘 다 집을 나가 버렸다. 그 많은 김장을 내가 할 수밖에 없었다. 공장 식구들이랑 먹어야 할 김장을 혼자 하자니 간을 어떻게 맞추어야 하는지조차 몰랐다. 또 배춧값이 떨어지기를 기다려 하는 김장이라 언 배추를 고무장갑도 없이 찬물에 씻어야 했다. 그렇게 담은 김치가 싱겁게 되어 맛있다고 빨리 떨어졌다. 새엄마와 싸운 일로 동생이 방황하지 않을까 걱정하며 지냈다. 그러나 우리는 힘들어도 언젠가 다시 공부를 계속할 수 있을 거라는 기대가 있었다.

아버지가 발명왕 상을 어느 신문사에서 받게 되는 날이었다. 같이 가서 보고 네 자식에게 말해주라고 했는데 "상이 밥 먹여주나요?"라는 말로 불효를 해버렸다. 어떤 생각 때문에 나도 모르게 나와 버린 말이었다. 새엄마의 잦은 가출로 이복동생들까지 챙겨야 했던 나는 소녀가장이 되었었다. 어린 내게 어떻게 부모 일을 맡겼는지 모를 일이었다. 아버지는 머리가 좋았으나 연구한 것을 성공시킬 배경이 없었다. 그런데도 끊임없이 그 일에 평생을 소비하는 바람에 우리 형제들은 목적을 상실한 쓸쓸한 삶을 이어가야만 했다. 차라리 평범한 부모를 만났더라면 좀 더 나은 삶이었을 것 같았다.

외가 식구들이 외사촌들 교육을 위해 서울로 이사를 하였다. 언니 댁에서 일하고 받은 돈을 전세 얻는 데 보태라고 드렸다. 조모가 자녀들을 키우며 평생 살았던 집을 팔고 떠나오실 때 심정이 어떠하셨을지 가슴이 저렸다. 외가는 내가 도시에 살며 참을 수 없을 때 기차 타고 달려가 숨통이 터지게 하던 곳이었다. 하지만 이제는 갈 수 없는 곳이 되었다.

방언

사람들이 바쁘게 오가는 무교동 거리에 서 있었다. 나를 알아보고 세 번이나 불렀는데 듣지 못했느냐며, 회사 아저씨가 어깨를 툭 쳤다. "어디 가는 길인가?" 하고 묻는 말에 대답하지 못했다. 지금 교회 부흥회를 하니 참석해 보자고 하여 같이 가게 되었다. 교회에 다녀도 은혜 받는 일에 대해 잘 몰랐었다. 다음날 새벽이면 부흥회가 끝나는데 목요일 밤 집회 끝난 시간이었다. 교인들은 자리를 펴고 잠을 청하고 있었다. 나는 교회 뒤쪽 벽에 대고 기도에 들어갔다. 시간이 가는 것을 잊은 채, 아무 생각 없이 오직 살아계신 하나님을 보여 달라고 하였다. 나중에 교인에게 들은 얘기에 의하면 어린아이가 말을 더듬는 것처럼 하더니, 바로 유창한 방언으로 기도하더라고 했다.

방언은 밤샘기도 할 때, 사탄을 물리쳐야 할 때 하게 되었으며 은혜를 받는 문이 되었다. 그리고 언제든지 깊게 기도에 들어가면 잊고 있던 방언 기도가 저절로 흘러나왔다. 내가 방황하지 않고 사는 문제를 놓고 계속해서 기도하기로 하였다. 혼자 밤샘기도 하려고 교회 뒤쪽 문 열쇠를 열고 불을 켤 때까지 뒷머리를 누가 잡아당기는 것 같았다.

넓은 예배당에 작은 불만 켜놓고 기도에 들어갔다. 꿈을 꾸는 것 같았는데 남자가 고무신을 신고 내 주위를 왔다 갔다 하는 것이었다. 큰 소리로 기도해서 물리쳤다. 또 여자들이 울긋불긋한 한복을 입고 강강술래로 나를 놓고 빙빙 돌다가 얼굴에 대고 깔깔거리는 것이었다. 나는 더 큰 소리로 주님을 불렀다. 그러자 여자들은 땅에 엎드렸다가 사라졌다. 방언의 힘으로 밤을 새우며 기도할 수 있었다.

부흥회가 끝나고 지인의 집에 있을 수 없어 외가에 가려고 버스를 탔다. 그 안에서 목사님을 만났는데 사모님과 어린 아들을 데리고 기도원에 가는 중이라고 하셨다. 내가 따라가도 되겠는지 물었더니 아픈 사모님 혼자 두고 와야 했는데, 그럼 같이 있어 달라고 부탁하셨다. 나도 더 깊이 기도할 작정으로 같이 기도원으로 갔다. 삼각산 기도원에서 사모님과 많은 이야기를 하게 되었다. 사모님은 늘 누워 있어야 해서 살림은 친정어머니가 맡아 하신다고 하셨다. 목사님 댁은 먼저 사모님이 건강하셔야 할 것 같았다. 같이 기도원에 있으면서 건강을 위해 전심으로 기도해 드리기로 했다. 기도원에서 내려온 뒤 다시 아파서 병원에 갔더니 요양하라는 말을 듣고 인천요양원에 같이 들어갔다. 새벽 기도시간, 아침 안정시간, 오후 안정시간, 그리고 자기 전에 사모님 몸에 손을 얹어 온몸의 힘을 모아 기도해 드렸다. 그러고 나면 군용 침대에 눕자마자 곯아떨어졌다. 사택으로 가서 영양이 될 음식을 만들어 나오는데 목사님 셋째 딸이 "언니는 거기에서 잘 먹지?" 하는 것이었다. 나는 안 들은 것처럼 사모님이 얼른 건강이 좋아지기를 바라며 버스를 탔다. 입원 기한이 끝나 요양원에서 나와 방

을 얻어 또 같이 지냈다. 그렇게 해서 사모님은 건강을 찾아 사택으로 가셨다.

목사님 큰딸이 서울 명문대에 들어가기 위해 시험을 앞에 놓고 기도 부탁을 받았다. 혼자 커다란 교회 안에서 기도하는 중 밤은 깊어가고 무섭기도 해서 큰 소리로 기도했다. "하나님, 목사님 따님 꼭 합격시켜주세요. 기도 부탁받고 이렇게 대신합니다." 그런데 대신이라는 말 때문에 주 안에서 모두 한 형제라는 깨달음을 주셨다. 그리스도의 피로 산 형제임을 알게 되어 중보기도의 영역을 넓혀갔다.

사모님이 나를 데리고 백병원에 가서 6·25 때 놀란 눈을 고칠 수 있는지 의사에게 물었다. 딱한 사정이니 수술비 혜택을 받아 수술 받게 해달라고 부탁하셨다. 의사는 사모님의 간절한 부탁으로 허락해주었다. 그 뒤 수술 부위에서 이물질이 자라 그 부분을 다시 수술 받았다. 그 후로 사람을 대할 때 당당하게 바라보며 대화할 수 있게 되어 사모님은 나의 평생 은인이 되었다. 이렇게 해서 목사님 가족이 되어 사택에 머무르게 되었다.

사모님 댁에는 큰 개가 있었는데 새끼 여러 마리를 낳고, 집을 나가 들판에 엎드려 죽은 일이 있었다. 목사님은 개를 묻어주고 새끼를 어떻게 키울지 걱정하셨다. 나는 돌을 따뜻하게 구워 종이로 싸고 또 싼 다음 새끼들 곁에 두고 자게 하였다. 그리고 데운 우유를 먹여 키웠다.

주말이 되면 교회 청년들과 학생들이 와서 식사하는 일로 부엌일이 많았다. 우물물을 퍼서 이 모든 일을 해야 했다. 교회가 커서 교인 가정 방문하는 일도 많았다. 그동안 할머니 권사님이 목사님을 도와 그 많은 일을 하고 계셨다니 고개가 절로 숙여졌다.

잘못된 사랑

아버지 회사에 여직원 삼십여 명과 남자 직원들이 있었다. 직원들은 군납용 계산자를 만드는 일을 했다. 계산자를 만드는 일은 정확도가 있어야 하는 작업이었다. 0.01mm의 오차로도 포를 쏜 거리는 크게 차이가 나기 때문이었다. 작업의 어려움만이 아니었다. 군납은 납품 날짜를 어기면 안 되기 때문에 3일 동안 날밤을 새우기도 했다. 새엄마가 동생들을 맡겨놓고 집에 돌아오지 않았다. 그다음에는 아버지가 돌아오지 않았다. 공장장도 아니면서 회사 일에 매달려 있는데 좋지 않은 소문이 돌았다. 직원 중에 이 양이 소문의 주인공이었다. 장대비가 쏟아지는 날이었다. 이 양에게 일 끝나고 남아 달라고 했다. 숙소에서 자야 하는 직원도 나가 있어 달라고 한 후, 빗소리를 내보내고 문을 닫았다. 이 양은 큰 눈으로 내 눈치를 살폈다.

"언니, 사장실에 매일 들어간다고 하던데. 왜 그래?"

"사장님 간식을 사다 놓으려고."

"꽃도 사다 꽂는 것 같던데?"

"좋아하시니까."

"언니, 그거 꼭 해야겠어? 회사에 안 좋은 소문이 돌아! 앞으로 내가 할게."

"하고 싶어! 하던 일이니까."

"언니 바보야?"

나는 언니와 헤어져 집으로 왔다. 어린 동생이 쪼르르 나와 내 귀가를 반기며 까르륵 웃어 보였다. "왜 웃어?" 하자 "언니 얼굴이 그래서 웃어 보라고!"라고 말하는 어린 동생을 안고 들어갔다.

다음날 회사에 늦게 나갔다. 내가 오기를 기다리기라도 했는지, 아버지는 나를 보자 끌어다 벽돌담에 밀쳐버렸다. "너, 이 양한테 뭐라고 했냐?"는 말에 아무 말도 못했다. 아버지가 내 몸을 짐짝처럼 던져 아프게 한 일로 마음에 상처를 내고 말았다. 회사 숙소에서 울다가 사장실로 들어갔다. "아버지가 직원들 앞에서 이렇게 하시는 것은, 소문에 대한 강한 부정인가요? 그렇다면 달게 받지요!"라는 말을 던져놓고 회사를 나와 집으로 왔다. 며칠 동안 회사에 가지 않고 먹지도 않았다. 나의 침묵이, 아버지 행동에 대한 반대인 것을 알고 이 양과 정리하기 바랐다. 그래도 아버지는 집에 돌아오지 않았다. 살림을 차렸다는 소문이 돌아 그대로 두어서는 안 되었다. 이 양은 서울에서 손꼽는 일류대학을 졸업한 예쁘고 착한 사람이었다. 회사에서 주소를 알아내어 집을 찾아갔다. 집에는 노모와 오빠 그리고 올케가 있었다. 핑계를 대고 밖에서 오빠를 보자고 하고 나왔다. "언니가 아버지와 같이 있는 것 같아요. 동생을 데려가세요!" 하고 두 사람이 있는 주소를 주고 돌아왔다. 그리고 아버지는 집으로 돌아왔으나 몸만 돌아왔을 뿐이었다.

이 양과 다녔던 추억의 장소로 돌아다녔다. 식사도 거르고 다니다가 길에서 쓰러질까 걱정이 되어 따라다녔다. 남산에 올라가 의자에 앉아 명동성당에서 치는 저녁 종소리를 들었다. '너는 삼재가 들어 세 번 장가를 가야 한다. 그래서 큰 애가 죽은 것이다. 세 번째는 꼭 처녀에게 장가가라' 아버지는 할머니가 복숭아씨 셋을 묶어 주시며 유언하셨다는 얘기를 들려주었다. 그러나 네 엄마가 살았더라면 이러고 살지 않았을 거라고 하였다. 나는 아버지에게 저 종소리를 듣고 마음 정리하기를 부탁했다. 그랬더니 한 번만 이 양을 만나게 해주면 잊을 거라고 하였다. 나는 동생들 때문에 아버지가 아버지 자리로 돌아오기를 바라는 마음이라 그녀 집을 다시 찾아갔다. 그녀 오빠가 내 눈치를 보며 밖으로 나와 자초지종을 듣더니 망설이고 있었다. 나는 우리 두 사람이 있는 자리에서 만나게 할 것, 앞으로 아버지를 만나지 않겠다는 결심을 준비시켜 동생을 데리고 나오라고 부탁했다. 그 다음날 네 사람이 다방에서 만났다. 아버지는 두 사람은 비켜 있으라고 해서

그렇게 해주었다. 언니가 거절하는 모습이 멀리에서도 보였다. 두 사람의 잘못된 사랑은 끝났으나 아버지는 한동안 회사 일을 잘 하지 못했다. 우리 부녀는 자식인 내가 아버지 연애를 막으려고 쫓아다니는 꼴이 되었다. 어머니의 죽음으로 나와 동생이 고생하며 살았던 것을 이복동생들에게까지 시키고 싶지 않았다.

아버지 친구인 대학교수가 나를 만나자고 했다. 아버지를 통해 내 얘기를 들어서 한번 만나고 싶었다고 했다. 내게 학교에서 배운 지식은 부족해도 사회에서 얻은 체험이 많다고, 우리 학생들이 지식과 체험을 다 가졌으면 좋겠다고 말했다. 나는 인생철학에 대해 잘 모르지만 무언가 내게 있는 것 같다고 말해준 그분의 얘기를 귀담아들었다. 일찍 철이 났다는 말인가? 아무튼, 나를 알아준 두 번째 사람이었다.

그 뒤 아버지가 사랑을 나눈 집을 정리하러 갔다. 방에는 책이 몇 권 쌓여 있었다. 방 주인에게 가지고 간 돈을 주고 보따리를 이고 집에 돌아오는 동안 눈물을 길에 뿌렸다. 그 후로 아버지를 생각할 때마다 송곳 같은 뼈가 온몸을 쑤시고 다녔다.

수도원

집을 나온 날은 제법 쌀쌀한 초겨울이었는데 마음이 더 추웠다. 철원에 있는 수도원에 가려고 서둘러 상봉 버스터미널에 왔으나 이른 버스를 놓치고 몇 시간을 기다려야 했다. 전에 사모님과 같이 갔던 곳이었지만 잘 찾아갈지 걱정이 되었다. 사람들이 들락거리는 대기실에 오래 앉아 있으려니 사람들이 흘깃흘깃 바라보는 것이어서 거리로 나왔다. 바쁘게 거리를 오가는 사람들은 갈 곳이 있어 보여 부러웠다. 이번에 수도원에 들어가면 그곳에서 봉사하며 살 작정으로 가는 중이었다. 서울 생활을 다 접은 이유는 가족이라고 했으나 따뜻함을 느끼지 못했기 때문이기도 하고, 아버지를 만나면 바라던 일이 다 이루어질 줄 알았던 기대가 무너졌기 때문이있다. 아버지의 연애를 밀리다가 기운을 다 써버린 것 같았다. 버스를 타고 서울을 빠져나가고 있었다. '서울이여 안녕! 다시 오고 싶지 않아, 잘 있어!' 눈물이 핑 돌았다.

버스는 산을 끼고 달려서 승일교에 나를 내려주었다. 거기에서부터 걸어서 산을 넘어야 하는데, 날이 어둑해지고 있어 발걸음을 빠르게 떼어놓았다. 낮이었으면 능선을 넘어설 때 교회 탑이 먼저 보였을 것

이다. 어둠 속에 있는 수도원으로 올라가 접수하고 숙소로 들어갔다. 수도원에는 원장님과 일하는 분들이 모두 여성이라는 말을 들었다. 기도하러 올라온 분들이 있어 주방일도 많고, 농사지을 땅도 있어 봉사하며 지내기로 마음먹었다.

수도원은 조용하고 아래로 한탄강이 흐르고 있었는데 계곡물은 겨울이라 몹시 찼다. 이미 수도원에 기도하러 올라온 사람들이 굴 속에서 통성으로 기도하고 있었다. 40일 금식기도를 하고 있다는 분이 어떻게 큰 소리로 기도할 수 있는지, 그 힘은 어디에서 나오는지 놀라웠다. 예배시간에 빠지지 않고 참석했더니 원장님이 안수 기도를 해주셨다. 기도 중에 신학을 하라는 예언 기도가 있었다. 학교를 제대로 다니지 못한 내가 어떻게 신학을 할 수 있을지 하나님께 기도하기로 하였다.

혼자 들어가 기도하기 좋은 굴을 찾았다. 바위가 벽인 굴 속은 서늘했으나 앉아 있으니 견딜 만하였다. 날마다 굴에서 기도하며 하나님과 대면하고 있는 것 같은 느낌을 받았는데 처음이었다. 가슴 깊은 곳에서 찬송이 저절로 흘러나왔다.

주 하나님 지으신 모든 세계 내 마음속에 그리어 볼 때
하늘에 별 울려 퍼지는 뇌성 주님의 권능 우주에 찼네
주님의 높고 위대하심을 내 영혼이 찬양하네
주님의 높고 위대하심을 내 영혼이 찬양하네

하나님이 이렇게 바로 곁에 계시다는 사실에 감사한 마음으로 더 깊이 하나님을 만나보기로 하였다. (은혜를 받은 뒤로 하나님이 나를 만나 주셨다는 것을 알았다) 일주일 동안 온전히 금식기도를 드릴 작정으로 수도원에 계신 분에게 기도 부탁을 했다. 하루에 세 번 물을 마시며 기도하는데 어렸을 때 먹었던 풀빵 생각이 났다. 그러나 사흘이 지나니 먹고 싶은 생각이 사라져 기도하는 일 외에는 다른 생각을 버렸다.

   기도원 식구들이 여자뿐이라고 생각했으나, 식당에 물을 가지러 갔다가 남자분이 여성분 뒤를 따라다니는 것을 보았다. 나보다 나이가 많아 보이는 남자는 주방에서 일하는 분들과 친한 것 같았다. 내가 금식 중이라는 말을 들었는지 기도해주겠다고 하며 괜찮은지 물었다. 그렇게 만난 그는 이곳에 온 지 오래되었다고 말해주었으며, 믿는 일에 대해 많은 이야기를 하였다. 신학을 하려면 나보다는 그분이 해야 할 것 같았다. "신학 하시면 좋겠어요."라고 말해주었다. 그리고 각자의 기도에 집중하느라 별로 만날 수 없었다. 그러나 교회에서 예배 인도할 때, 기도할 때, 집회에서 모습을 볼 수 있었다. 일주일 금식기도가 끝나는 날 주방으로 들어가 먹을 것이 있는지 물었다. 일주일 동안 물밖에 먹은 것이 없어 기운이 없었다. 주방에는 밥이 조금 남아 있다고 해서 그걸 한 숟가락 입에 넣자 돌덩이가 목으로 굴러 들어가는 것 같았다. 못 먹겠다고 하니 금식하고 나면 금식한 기간만큼 죽을 조금씩 먹어야 한다는 설명을 들었다. 고요히 방에 누워 지나간 삶을 돌아보았다. 같은 방을 쓰고 있는 여자가 있었다. 굴에서 주로 기도하느라 별로 얘기도 못하고 눈인사만 하고 지내는 중이었다. 같이 땔나무 값을 내고 불을 때는 중인데, 아랫목은 항상 자기가 차지하고 있었다. 내가 금식하고 기운이 없어 누워 있으려 해도 아랫목에 그냥 누워 있는 것이었다. 신학을 한다는 사람이 저러면 되겠나 싶었다.

회개

어느 큰 교회에서 대형버스에 성도들을 태우고 와서 수도원에서 부흥회를 열었다. 월요일 저녁부터 금요일 새벽까지 한다고 하였다. 나는 '잘 되었구나. 이번에 신앙의 깊은 체험을 해야지' 하고 그렇게 되기를 기도했다. 화요일 저녁 집회 끝나고 개인적으로 회개 기도를 하라는 광고가 나왔다. 수도원 뒤쪽에는 큰 바위들이 동산을 이룬 곳에 평평한 회개 바위가 있었다. 바위 아래 낭떠러지로 한탄강이 흘렀다. 깊은 밤 돌 위에 무릎을 꿇고 앉아, 성령께서 회개할 수 있게 도와달라고 기도했다. 얼마나 시간이 지났을까. 기도 소리가 내 귀에 들리지 않았다. 시간이 가는 것도 잊었다. 머릿속이 텅 빈 상태에서 기도에만 힘쓰고 있었다. 그때 마음 깊은 데서 무언가가 올라오는 것을 느꼈다. 회개할 내용이 저절로 입 밖으로 흘러나왔다. 창조의 하나님을 항상 기쁘게 믿지 않은 죄, 배우지 못한 나 자신에 대하여 비관한 죄, 아버지와 새엄마를 미워한 죄…… 눈물이 하염없이 흘러내렸다. 무서움이 사라지고 답답했던 가슴이 후련해지는 것을 느꼈다.

다음날 새벽 기도회 끝나고 그 바위에 다시 앉았다. 나는 분명히 눈

을 감고 앉아 어떤 형상을 보는 것이었다. 십자가상의 예수님 옆모습이었다. 가시관을 쓴 이마에서 귀밑으로 피가 흘러내리는 모습을 보는 순간 '아, 내 죄다!'라고 절규했다. 가슴이 벅차올랐다. 그동안 욕심 때문에 괴로워하며 살아온 내(我)가 몸에서 빠져나가고 있었다. 그 일로 평생 주님을 섬기며 살게 되었다.

낮 집회가 끝나고 또 기도에 들어갔다. 나는 잠자는 상태였고 천사의 인도를 받았다. 천사와 나는 영으로 말했다. 아이같이 작은 내게 머리끝에서 발끝까지 흰 옷을 입게 하였으며 물가에 가서 씻으라고 하였다. 그 물은 보혈이라고 말해주었으며 흰 옷에 부어도 그대로 흰 옷이었다. 그리고 나를 데리고 간 곳에 커다란 가마솥 같은 것이 내려다보였는데, 옷도 입지 않은 사람들이 아우성치고 있었다. 그리고 누가 때리는지 모를 채찍을 맞고 있는 사람들이 보이고, 채찍이 지나간 자리에 붉게 자국이 남는 것이었다. 구렁이가 몸을 감고 있는 사람들도 보여, 그곳에서 나가고 싶다고 눈으로 천사에게 말했다.

다시 보이는 곳은 큰 길과 좁은 길이 있는 곳이었다. 그 큰 길을 두고 사람들은 검은 우산을 쓰고 좁은 길로 밀려가고 있었다. 그 앞에 낭떠러지가 놓여 있는 것을 모르는 것 같았다. 왜 그러는지 천사에게 물었다. 세상 사람들인데 그 앞에 어떤 일이 벌어지는지 모르는 상태에서 태양이 싫어서 우산을 쓰고 밀려가고 있으며 결국은 떨어져 죽게 된다고 말해주었다.

세상의 교회들에 대해서도 보여주었는데 많은 무리가 모여 있는 가운데 한 사람이 서 있는 것이 보였다. 그런데 그 무리 중에 한 사람은 검은 옷을 입고 있는가 하면 흰 옷을 입은 사람이 보였다. 무리는 성도들이고 서 있는 사람은 목자라고 말해주었다. 교회들이 보였는데 불이 켜 있는 교회와 캄캄한 교회가 보였다. 결실한 이삭이 있는 밭이 보였다가, 이삭이 바람에 흩어지는 광경도 보였다.

  내가 자리에서 일어나 보니 오후 4시가 되어가고 있었다. 머리맡에서 나를 위해 기도하고 계셨다는 권사님이 본 것을 얘기해 달라고 하였으나 놀라기도 한 나는 아무 말도 못하고 교회에서 나왔다. 다음날 새벽기도 마치고 강가에 내려가 앉아 기도 중이었는데, 아기 천사들이 나팔을 불며 머리 위에서 날고 있었다. 몸이 작아지면서 천사들과 같이 나는 것 같았다.

  낮 집회 끝나고 전날과 똑같은 기도에 들어갔다. 나를 데려갈 천사가 나타났다. 나는 뒷걸음치며 주님을 불렀다. 그 천사의 이마에서 두 개의 뿔이 올라오고 있었다. 주님을 부른 이유였다. 어제의 그 천사가 와서 진주문이라는 곳에 데려갔다. 강물이 흐르고 흰 옷 입은 사람들이 한가하게 앉아 있었으며, 나무들이 늘어서 있는 곳에 어디선가 청아한 음악 소리가 들렸다. 사람들은 날아서 나무에 앉아 배 같기도 하고 커다란 귤 같기도 한 열매를 따 먹고 있었다. 평화로운 광경이었다. 나는 시골에서 느티나무 아래 노인들이 흰 옷을 입고 앉아 장기를 두는 모습이 떠올랐다. 이곳에서는 어제, 오늘 대신 아까, 조금 후로 시간의 경계가 없었다.

  산자락을 돌며 아침 산책을 하는데 마음이 맑았다. 돌멩이 하나, 새

소리, 나뭇잎 하나마다 하나님의 손길이 닿아 살아있음을 느꼈다. 그 동안 지고 다니던 짐을 내려놓게 된 일이어서 더욱 감사했다.

신학교

수도원에 오래 있다 보니 다 한식구가 되어 밭에 나가 일을 하게 되었다. 일이라면 외가에서 해봤으니 잘할 수 있었다. 여름에는 콩잎을 따서 장아찌를 담았다. 남자들이 올라와 논농사 일을 해서 얻은 곡식은 수도원에 오는 분들을 위한 양식이 되었다. 김장배추도 많이 심어야 해서 할 일은 계속되었다. 겨울이 되면 바위를 돌아가며 흐르는 물소리라든지 새소리가 들리는 이곳은 꿈에서 본 요단강 가에 와 있는 듯했다. 자연과 더불어 그렇게 기도하는 분들과 산다는 것은 하나님과 늘 함께하는 생활이기도 하였다. 내 얼굴이 밝아졌다고 식구들이 말해주었다.

고요해진 내 마음을 깨우며 새엄마의 편지가 도착했다. 지난 일 다 용서해 달라, 집에 오면 잘해 주겠다. 아버지가 너 집에 오지 않으면 같이 살지 않겠다고 한다. 이 편지 받는 대로 빨리 내려오라는 내용이었다. 나 때문에 새엄마가 아버지와 같이 살지 못하면 되겠나 싶어 내려가겠다고 수도원 식구들에게 인사했다.

부모와 같이 잘 살아보지 못한 내가 다시 살아보려고 산에서 내려

왔으나, 새엄마를 만나니 지난 일이 다시 떠오르는 것이었다. 네게 했던 말, 동생의 머리채를 잡아 뽑았던 일도 함께 떠올랐다. 수도원에서 받은 은혜를 다 쏟아버릴 것 같았다. 수도원에서 내려왔으니 잘 사시라고 해두고, 서울로 이사 온 외가에 가서 지냈다. 좁은 집에서 많은 식구가 지내려니 잠을 편히 잘 수 없었으나 마음은 편했다. 주말이면 교회에 가서 지냈다. 사택 일로 걱정하시는 사모님을 도와드리면 좋아하셨다. 사모님은 몸이 약해 누워 있으니 할머니 권사님의 손에 물이 마를 날이 없었다. 누구에게도 못하시는 속말을 나에게 하시는 것이었다.

목사님이 원서를 써서 한 학기 등록금과 함께 신학교에 들어가라고 하셨다. 새문안교회 안에 있는 야간 장로회신학교에 들어갔다. 그런데 수도원에서 신학을 했으면 좋겠다고 말해준 그 사람이 본과에 들어왔다고 반가워했다. 강의실에서 만나게 되면 노트를 빌려주기도 해서 도움을 받았다.

삼각산 등반을 하는 날이었다. 경사진 코스를 타고 올라가다가 내려갈 수도 더 올라갈 수도 없는 상황이 되었다. 죽을힘을 다해 정상에 올라가 쉬고 있는데 그가 고백할 것이 있다고 말했다.

"나는 결핵 4기로 죽을 것 같은 상태에서 수도원에 들어갔어요, 그곳 수도원 식구들이 살렸지요. 그 후로 어머니 같고 누나 같은 분들과 가족처럼 살았던 거예요. 오늘 처음 등반을 하려니 엄두가 나지 않았어요. 그런데 여자도 올라가는데 해보자고 결심을 했지요. 이제 무엇이든지 할 수 있다는 자신감이 생겼어요!"

절벽을 오르는 목표가 나였다는 그 말을 듣고 속으로 놀랐다. (이분은 목사님이 되어 평생 목회하고 있다) 수도원에서 한방을 썼던 그 여자도 우리 학교로 편입해 왔다. 사람은 언젠가는 다시 만나게 된다는 말이 실감이 났다.

목사님이 첫 등록금을 주셨지만, 더 부담을 드려서는 안 되었다. 학비를 벌어야 해서 국회의원 선거사무실에서 일을 했다. 방학 동안 일을 해주고 받은 돈이 한 학기 등록금이 되었다. 그리고 기도원에서 만난 목사님이 교회 일을 도와달라는 부탁이 있어서 교회를 찾아갔다. 사모님이 하시는 유치원과 병합된 교회에서 주일학교, 중고등부, 청년성가대 일을 하자니 주말에는 정신없이 바빴다. 주중에는 사모님 일을 도우며 오후에 학교에 갔다. 학교에서 늦게 끝나 유치원에 딸린 내 방이 있는 언덕을 향해 올라가고 있었다. 그때 누가 따라오는 느낌이 들어 확인하려고 뒤돌아보았다.

"너 영국이 아니니?"

"네, 다 올라가실 때까지 지켜봐 드리려고요!"

영국이는 학교 문제가 있어도 전학할 수 없는 고등학교 3학년이었다. 청소년들이 가지고 있는 고민을 안고 있는 학생이었다. 공원에 앉아 우리는 잠시 이야기를 나눴다. 밤바람이 얼굴을 스치고 지나갔다. 밤으로 가는 자연 품에서 우리는 가슴이 따뜻해지고 있었다. 영국이는 씩씩하게 걸음을 옮기고 있었다. 아름다운 학생이었다.

염습(殮襲)

교회 청년 어머니가 돌아가셨다고 연락이 왔다. 목사님은 군목으로 오래 계시다가 일반교회 목회는 처음하시는 분이었다. 청년 아버지가 교회장으로 해달라며 수의 지을 인조 한 필을 내놓았다. 권사님들이 접어주는 천을 나는 재봉틀에 앉아 박았다. 사촌언니가 여성회관에서 한복을 배우게 해준 경험으로 수의를 만들었다. 치마, 저고리, 속바지, 속적삼, 작은 속바지, 이불, 요, 얼굴, 손, 발 쌀 것 등을 만들었다. 저녁 7시 입관 예배를 드리려면 서둘러 소염을 마쳐야 했다. 6시가 되어 수의를 입혀야 하는데 목사님은 오시지 않았다. 누가 되든 몸을 닦고 옷을 입혀야 할 시간이었다. 나는 준비한 수의와 알코올, 탈지면, 깨끗이 한 볏짚과 장호지를 가지고 아버님을 불러 방에 들어갔다. 방문 앞에 서서 속으로 기도하기를 '앞으로 주의 일을 하려면 이 일도 해야 하오니 담대함을 주소서!' 그 순간 '사람이 죽으면 흙으로 돌아간다, 그래서 몸이 차다'라는 응답이 왔다. 홑이불을 걷었을 때 입이 벌려 있고 이가 드러나 있었다. 사람이 임종하면 입을 잘 다물게 하고 턱을 받쳐주어야 한다는 것을 현장을 보고 알았다. 홑이불을 덮은 속으로 탈지면에 알코올을 묻혀 몸을 깨끗이 닦았다. 그리고 청년 아버지에게 머리를 두 손바닥으로 감싸 안고 있다가 몸이 옆으로 움직이면 머리도 같이 돌려주시라고 해서 등을 닦고 옷을 입혔다. 입을 다물게 한 다음 창호지에 탈지면을 말아 턱을 고였다. 그러는 동안 입관예배 시간이 되어가고 있어 대염도 진행하기로 했다. 요를 깔고 백지로 짚을 둥글게 말아 만든 베개를 놓고 고인을 관 속에 눕혔다. 빈 곳은 백지로 싼 짚 뭉치로 끼웠다. 이는 관을 움직일 때 시신이 움직이면 들고 가시는 분들이 놀라는 것을 막기 위함이다. 그 일이 진행되는 동안 긴장했다는 것을 나중에 알았다. 7시가 되어 장로님들을 찾아다니시느라 늦었다고 목사님이 도착하셨다. 예배를 드리고 마지막 얼굴을 보게 한 후, 관을 덮어야 하는데 목사님이 바로 덮으라고 하시는 바람에 망치 소리를 들은 딸이 기절했다. 나는 딸을 다른 방으로 옮겨 물수건을 올려 정신이 들게 해주었다. 정신을 차린 딸이 나를 보며 울음을 터트렸다.

밖으로 나와 손을 씻는데 청년 아버지 친구가 내 곁으로 와서 "아니, 아가씨 같은데 어떻게 이 어려운 일을 하셨습니까?" 하는 말에 나는 차마 처음이라고 말할 수 없어 고개를 숙이고 있어야 했다. 하나님이 지혜를 주시고 담대함을 주셔서 할 수 있었는데 자세히 보니 옷이 푹 젖어 있었다.

장례를 치르고 아침을 먹는 자리에서, 자다가 사택으로 뛰어올 줄 알았는데 그러지 않더라고 사모님이 말했다. 나는 하나님이 힘을 주셔서 하는 데 두려울 것이 없다고 생각하였다.

졸업이 가까워져 오는데 마지막 등록금을 내지 못해 게시판에 이름이 적혀 있었다. 학교에 가려고 하는데 권사님이 다녀가라고 했다.

"지금 학교에 낼 돈이 있을 텐데 얼마인지 말해 보세요."

"아니에요. 저 졸업하면 다른 곳으로 갈지 몰라요. 걱정하지 마세요."

"나이도 어린데 한 달도 못 버티고 갈 줄 알았어요. 그런데 이렇게 오래 견디며 김○○ 어머니 장례 때 하는 거 보고 존경하게 되었어요. 하나님이 우리에게 시키는 것 같아요. 어서 말하고 내일 이 시간에 다시 들리세요."

더는 거절할 수 없었다. 겨우 등록금 액수를 말하고 나와 버스를 타고 학교에 갔다. 다음날 권사님 댁에 들려 달아오른 얼굴로 몇 번의 인사를 한 뒤 봉투를 들고 나왔다. 학교 기도실에 들어가 하나님께 감사드리고 그 안에 들어 있는 것을 열어 보았다. 김 권사 5,000원, 고 집사 2,000원 ……. 20여 분의 이름이 빼곡하게 적혀 있었다. 내가 뭐라고 모아주신 마음에 감동이 되어 눈물이 나왔다. 기도하다가 나왔는데 두 개의 강의가 지나간 뒤였다.

아파서 새벽기도에 못 나간 일로, 목사님과 사모님이 좁은 내 방에 들어오셨고, 목사님은 사모님에게 무언가를 가져오라고 한 다음 기도를 해주시겠다고 했다. 나는 사모님 오시면 해주시라고 했다. 그 일이 지난 뒤 과제 준비물 사러 나갔다가, 학교 선배를 만나 늦게 들어왔다. 그런데 방문에 자물통이 걸려 있었다. 사택에 들어가 물었더니 목사님과 기도원에 간 줄 알았다고 열쇠를 주었다. 나는 고민하다가 떠나야겠다고 생각했다. 목사님이 졸업하면 사례비도 올려야 하는데 사정이 안 되니 그만두어 달라고 하셨다. 내가 먼저 말했으면 유종의 미를 거두지 못할 뻔했다. 그날로 짐을 쌌더니 다섯 보따리가 되었다. 두 개씩 들어도 하나가 남았으나 다 들고 나와 버스 정류장으로 갔다.

제3부
아버지 그늘

대수술

신학교 졸업하는 날 교회 청년들과 외가 식구들이 와서 축하해주었다. 꽃다발을 다 안을 수 없을 만큼 받으며 하나의 과정을 끝내고 있었다.

본 교회 사모님이 상처한 사람인데 아이들에게만 잘 해주면 된다니 한번 만나 보자고 하였다. 나는 기도한 후 결정하겠다고 하고 삼각산으로 올라갔다. 기도 굴 앞에 짐승 발자국이 있었지만 두려워하지 않았으며 일주일 금식기도에 들어갔다. 기도원 원장님이 일이 있어 서울에 갔다 오겠다며 주일 낮 예배를 인도하라고 했다. 주일이 되자 근처 부대에서 군인 십여 명이 기도원에 올라왔다. 특별 찬송과 대표기도 할 사람을 정해주고 낮 예배를 드렸다. 그리고 며칠 뒤 배가 아프기 시작했다. 원장님이 보더니 내일 날이 밝으면 내려가서 병원에 가는 것이 좋겠다고 하였다. 버스를 타려면 기도원에서 30분 정도 걸어야 했다. 가방을 들고 휘청거리는 몸으로 조금씩 움직이고 있었다. 그때 주일 예배드리러 올라왔던 군인이 땀을 흘리며 나와 가방을 업고 내려가는 것이었다. 나는 속으로 '하나님이 보내셨구나!'라는 생각에 울

컥해졌다. 어디로 가야 할지 그 생각 때문에 나를 내려놓고 돌아가는 군인에게 고맙다는 인사도 제대로 하지 못했다.

집으로 가면 집 나가 그 꼴이 나는 말을 들을 것이 뻔했다. 죽을지도 모르니 교회로 가서 목사님께 마지막 기도를 받아야겠다고 결론을 내렸다. 버스를 여러 번 갈아타고 교회 사택으로 들어갔다. 결혼 문제를 놓고 기도하러 간 사람이 다 죽어가는 모습으로 나타나자 할머니가 가까운 병원으로 데려갔다. 의사는 맹장이 터진 상태라 바로 수술에 들어가야 하니 큰 병원에 가라는 것이었다. 할머니는 내가 어떻게 될까 봐 걸음도 제대로 못 걸었다. 큰 병원에 도착했으나 너무 지쳐서 차라리 죽는 편이 나을 것 같았다. 사진 찍고 진찰이 끝나자 맹장이 아니며 위 수술을 해야 한다고 결론을 내렸다. 내가 병원비 낼 돈이 없다고 하자, 의사는 시립병원에 가라며 소견서를 써 주었다. 할머니는 댁으로 가시게 하고 목사님이 시립병원 응급실에 나를 눕혀놓았다. 병원을 전전하다 보니 하루가 가고 금요일 밤

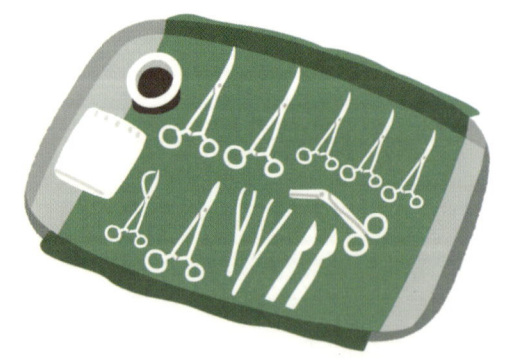

이었다. 새벽기도 인도하시려면 목사님은 교회에 가셔야 했으며 수술을 받으려면 생활보호대상이라는 서류가 있어야 했다. 목사님은 수술을 위해 서류에 사인을 하고 또 다른 서류를 만들어 오기 위해 교회로 가셨다. 응급실에 이모와 둘이 밤을 보내며 길에서 쓰러진 환자들이 들것에 들려오는 것을 보았다. 그리고 생이 끝나는 순간까지 산소 호흡기를 쓰게 했다. 그 상황을 지켜보고 있던 이모는 나도 그렇게 될까 봐 떨고 있었다. 응급실은 환자가 들어오면 장터로 변했다가 조용해지기를 반복하였다.

외과 과장이 개인병원에 가서 근무하는 토요일, 외과 담당 의사가 출근해서 나를 보더니 수술 준비하라고 했다. 간호사는 서류가 도착하지 않았다고 하자, 서류가 문제냐 사람을 먼저 살려야 하지 않느냐며 서둘렀다. 긴 수술이 끝나고 간호사가 침대를 밀어 입원실에 옮겨놓으며 잘 지켜보라고 하고 갔다.

월요일 외과 과장이 회진하러 와서 수술 상태를 살펴보았다. 그때 과장 대신 다른 의사가 수술했다는 것을 알았다. 병실은 넓었으나 침대 기둥으로 빈대가 기어오르고 있었다. 죽어야 한다면 죽지, 했던 고통의 시간을 떠올리며 놀라시노 않았나. 의사는 한밤중에도 병실에 늘러 이상이 없는지 살폈다. 그 당시에는 무통제가 없어서 통증을 참아내야 하였다. 새벽마다 성가대원들이 병실 밖에서 찬송가를 불렀다. 마지막 가는 분들을 위한 장송곡을 부르고 간다고 생각되었다.

의사가 수술 과정을 설명해주었다. 다른 병원에서 찍은 X-ray를 보고 수술에 들어갔고, 아가씨라서 수술 부위를 적게 잡으려고 했으며,

대수술

천공이 된 위의 부분을 잘랐다고 하였다. 그리고 다른 곳이 이상 없나 살펴보다가, 복막염으로 인해 유착된 부분이 있어 맹장을 떼어냈다고 했다. 만일 수술이 늦었더라면 죽었을 수도 있었다고 하였다. 그리고 이런 경우 재발할 우려가 있어 재수술하게 될지 모른다는 것이었다. 그러면서 이 지독한 아가씨 손 한번 잡아보자는 것이었다. 부분 마취로 수술을 해야 해서 환자가 끙끙거려야 마음 놓고 수술을 할 수 있는데 아무 소리가 없어 얼굴을 덮은 천을 열어보니, 안심하라는 듯 눈만 끔뻑해 주더라는 것이었다.

응급실에서 수술실로 가면서 벗어 둔 신발이 없어졌다. 통증 때문에 한잠도 못 잔 두 번째 날 새벽, 복도에 나가서 찬송을 들으려고 마음먹었다. 맨발로 서서 찬송을 끝낸 성가대원을 보내고 침대로 돌아왔는데 가스가 나왔다. 교회 청년들이 와서 기도를 해주었고 그중 한 청년은 침대 옆에서 이모와 밤을 새우며 기도했다. 다음날 학생들이 몰려왔다. 학생들은 수련회 갔을 때와 학교생활 얘기로 나를 웃게 해주었다. 한 학생은 어떻게 그렇게 인사도 없이 떠났느냐고 따졌다. 사정 얘기를 할 수 없었으나 너무 보고 싶은 얼굴들을 만나 반가웠다.

다음날 수위가 병실로 찾아와 보자는 것이었다. 나는 왜 그러느냐고 했더니, 글쎄 학생들이 몰려왔기에 열 명씩 들어가라고 했더니, 우리가 다 같이 들어가서 기도해야 빨리 낫게 된다고 우겨서 할 수 없이 허락했다는 거였다. 도대체 어떤 사람인지 얼굴 보려고 왔다는 것이다. 자신은 성당에 다닌다고 하며 병실을 나갔다. 침대에 누워 벽에 걸려 있는 성경 구절을 읽고 또 읽었다.

'나의 달려갈 길과 주 예수께 받은 사명 곧 하나님의 은혜의 복음 증언하는 일을 마치려 함에는 나의 생명조차 조금도 귀한 것으로 여기지 아니하노라'(행 20:24)

말씀을 외우며 하나님이 다시 살리셨으니 이제 남은 생은 하나님께 드리겠다고 서원 기도를 드렸다. 퇴원 후 회복이 늦고 수술 부위가 덧나서 부어올랐으나 그 시립병원에 다시 가지 않았다.

부녀상담소

신학교 선배가 상담소에서 같이 일해보지 않겠느냐고 했다. 후암동에 있는 기독교 부녀상담소였다. 우리는 서울역에 매일 나가서 무작정 상경하는 소녀들을 사무실에 데려와서 상담했다. 집에서 기다리는 아이라고 판단이 되면 연락해서 부모님에게 돌려보내고, 고향에 내려가도 견디지 못하고 다시 올라올 아이는, 국가에서 운영하는 교육시설에 보냈다. 그렇게 해서 기술을 배워 꿈을 키워 나가게 했다. 상담소는 교회에서 보내준 돈으로 아이들이 사무실에서 먹고 쓸 용품 사는 데 혹은 사무실 유지비로 썼다. 이 일은 무작정 상경하는 소녀들이 포주에게 넘겨지는 일을 막기 위함이었다. 그렇게 끌려간 소녀는 남자와 잘못된 만남으로 성을 알게 된다. 그리고 쉽게 돈을 버는 법을 알게 되고, 옷과 화장품을 사는 명목으로 묶여 그곳을 빠져나오지 못하게 되며, 어쩌다 빠져나와 교육시설에 들어가도 못 견디고 나왔다. 노인이 어린아이를 품으면 젊어진다는 속설을 믿는지, 13세 아이가 피임하는 법을 알고 있는 경우도 있었다. 그렇게 되기 전 아이들을 구하려고 우리는 녹색 유니폼을 입고 역 현장에 나갔다.

그날 오후 역 광장에 나갔다가, 시계탑 밑에 쭈그리고 앉아 있는 아이를 발견하였다. 14세쯤 된 곱슬머리 아이를 사무실로 데려갔다. 원주에서 살았는데 이웃집 아주머니가 서울 식모살이로 보냈다고 했다. 그런데 주인 여자는 월급도 안 주고 돈을 훔쳤다는 이유로 쫓아내는 바람에 집에 가려고 거기에 있었다는 것이었다. 집에는 누가 있느냐고 물었더니 동생이 있는데 의붓아버지가 보육원에 보냈을 거란다. 이 아이가 교육시설에 가려면 주민등록상의 서류가 필요했다.

원주로 출장 가서 아이의 출생을 알아보았으나 근거가 없어 서류 없이 돌아왔다. 아이에게 아무것이라도 좋으니 생각나는 것을 다 말해보라고 했다. 아버지가 군인이었는데 자기가 태어나기 전에 전사했고, 어머니는 부인 있는 공무원 사이에서 동생을 낳았으며, 그 남자의 부인이 심하게 학대를 해서 자살했다고 울며 말했다. 원주로 다시 가서 동회를 찾아다니며 죽은 어머니의 주민등록상 흔적을 찾아보았다. 그 결과 전입 신고하려고 접수한 서류를 찾아냈고, 의붓아버지가 어머니를 동거인으로 올려 전사자 연금을 타고 있었다는 것 등을 알아냈다. 그러나 보훈처에서 조사 나와 정지된 상태였다. 모든 서류를 가지고 와서 그 아이를 가구주로 만들어 성인이 될 때까지 연금을 타서 학교에 다닐 수 있게 하였다. 그동안 밀린 연금도 탈 수 있게 되어 다행이었다. 그 아이는 나를 졸졸 따라다녀서 앞으로 떨어지려면 무관심이 필요했다. 나갔다 들어와 다른 아이와 얘기하는 동안 복도에서 병 깨지는 소리가 났다. 관심을 끌게 하려고 곱슬머리가 잉크병을 복도에 던진 것이었다. 자신에게 돈이 생기게 해주지 않았느냐며 같이 살자고 조르는 아이를, 성공해서 동생을 꼭 찾으라고 말해주고 기숙사가 있는 학교로 보냈다.

아버지 그늘

 첫째 할머니가 일곱 자녀를 낳은 뒤 돌아가시고, 할머니가 두 아들을 낳으셨으니 할아버지는 9남매를 두신 셈이었다. 나는 외가에 살아서 친가의 가족 상황을 잘 알지 못하고 자랐으나 아버지를 만나서 알게 되었다. 할머니는 자존심이 강하시고 내다보는 능력을 갖춘 분이라고 아버지가 말해주었다. 백부와 아버지는 그 지역에서 체격이 좋은 분으로 알려졌다. 백부는 가정을 잘 이끌어 갔으나, 아버지는 상처한 후로 가정이든 사업이든 잘 해내지 못했다. 그래서 백부는 동생이 잘 살기를 바라며 가게를 내주겠다고 했지만, 아버지는 거절하였다. 형님이 시키는 일을 하는 것보다 사업을 해서 크게 성공하고 싶었다. 그러는 아버지가 걱정되신 할머니가 큰댁에서 편하게 사실 수 있었지만, 자주 우리 집에 와서 지내셨다. 나와 동생이 새엄마에게 홀대를 받을까 지켜보기 위해서라고 하셨다.
 학교에서 돌아와 보니 할머니가 몹시 화가 나 계셨다. 새엄마가 굴비를 구워 이복동생들하고 먹다가 들켰기 때문이었다. 할머니는 "시어미가 있는데도 불구하고 네 새끼하고만 몰래 먹었느냐! 그럼, 나 없아버지 차를 운전하는 기사가 집에 와서 차에서 아버지가 기다리니 나오라고 했다. 나는 속으로 생활비를 주려고 온 것 같아 집에서 입던 차림으로 기사를 따라나섰다. 차 안에서 아버지가 손짓하며 타라고 했다. 조수석에 앉았더니 "어디 가서 점심이나 먹자. 인사할 사람이 있다." 그때 차 뒤쪽에 앉아 있는 분이 아버지가 결혼하고 싶은 사람이라는 것을 알아차렸다. 차에 타면서 슬쩍 보았는데 젊은 여자였다. 차는 이문동을 빠져나가 청계천 고가를 타고 있었다. 고가에서 내릴 수도 없고, 그렇다고 같이 가서 밥을 먹을 수도 없었다. 새엄마가 잘했으면 이렇게까지 되었을까, 동생들 생각하니 한숨이 나왔다. 차는 무교동에 들어서고 있었다. "기사님, 차 좀 세워 주세요!" 내 말을 듣고 차가 멈췄다. 나는 얼른 내리며 어서 가시라고 손짓했다. 내 성격을 아는 아버지는 기사에게 어서 가자고 하는 것 같았다. 아버지 차는 가버리고 나는 집에 갈 차비가 없었다. 무교동에서 이문동까지는 걸어갈 수 없는 거리였다.

  종로 쪽으로 발걸음을 옮겼다. 봄이라 사람들은 움츠렸던 몸을 펼치며 걸어가고 있었다. 종로 3가에서 아는 분을 만나 차비를 얻어 집으로 왔다. 어린 동생들이 어디 갔다 왔느냐고 물었다. 나는 아무 말도 못했다. 양식이 떨어지고 밀가루 한 포대가 남아 있었다. 동생들에게 수제비를 떠서 일주일 동안 먹게 했더니 먹을 수 없다며 쌀밥 한 번만 먹었으면 좋겠다는 것이었다. 친동생은 컸다고 집에 남아 있고, 세 동생을 데리고 음식점으로 갔다. "이 책을 맡아 주시고 동생들에게 밥을 먹게 해주세요." 했더니 식당 주인은 "밥을 줄 터이니 책은 가져가라!"고 하는 것이었다. 집으로 돌아오는 골목길에서 남동생이 "누나, 그렇게 맛있는 밥은 처음 먹어 봤어."라며 배가 불러 좋아하는 동생들을 데리고 부러울 것이 없는 것처럼 골목길을 씩씩하게 걸었다. 쌀가게 주인에게 사정해서 외상으로 가져온 쌀로 밥을 지어 먹었으나, 쌀이 떨어지면 계속해서 외상을 얻어 올 수 없었다. 그리고 간장에 밥만 먹을 수도 없는 노릇이었다. 어디 누구에게 돈을 빌려 와야 하나 고민하며, 아는 사람을 찾아갔다가 말도 꺼내지 못하고 돌아왔다. 거절당하고 오는 날은 더 비참했다.

집에 들어오니 도둑 든 것처럼 집 안이 어수선했다. 동생이 텅 빈 방에서 나오더니 새엄마가 숟가락 하나 남기지 않고 트럭에 싣고 갔다는 것이었다. 그런데 아버지 옷까지 다 가져간 것은 이해가 안 되었다. 그렇게 이복동생들과도 이별이었다. 남동생은 엄마에게 끌려가면서 "큰 누나 허락 없이 엄마를 따라갈 수 없어!"라고 했다고 동생이 말해주었다. 아버지가 돌아오지 않는 상황에서 동생들이 나와 사는 것보다는 엄마와 같이 사는 것이니 나을 것 같았다. 나중에 안 일은 아버지를 고소하기 위해 동생들을 데리고 갔던 것이었다.

우리가 사는 집은 사촌형부의 부동산이었다. 아버지 사업을 도와주는 목적으로 살게 해주었었다. 나는 옷가지를 챙겨 들고 언니 집으로 갔다. "집을 비워놨으니 수리해서 세를 놓으세요." 하고 언니 집을 나왔다. 동생에게 "너는 불편하더라도 아버지하고 있어. 나는 외가로 갈 거야." 또다시 헤어져야 하는 동생에게 잘 견디고 있으라고 해주고 가벼운 가방을 무겁게 들고 외가로 갔다.

나와 동생은 어린 시절 받지 못한 아버지 사랑을 보상받고 싶어서 아버지 그늘이 필요했다. 그러나 아버지는 우리에게 나무가 되어주지 못했다.

서대문 교도소

　새엄마가 동생들과 살림을 가지고 나가서 아버지를 간통죄로 고소했다. 그 일로 아버지와 새로 들어온 엄마가 교도소에 들어갔다. 언니가 와서 해결하라는 동생의 말을 듣고 두 분을 만나기 위해 면회하러 갔다. 지금 임신 중이라는 것이었다. 이러다가 교도소에서 애를 낳을 형편이었다. 그분은 노부모를 모시고 사는데 아버지가 아들 노릇을 해줄 것 같아 이렇게 되었다고 했다.

　나는 이른 아침 교도소로 가서 두 사람의 면회 신청을 했다. 여자는 수가 적어 12시 안에 만나볼 수 있었다. "왜 또 오셨어요." 엄마가 두 살 아래 딸에게 하는 말이었다. 나이 많은 딸 때문에 부담이 될 것이고, 나도 이렇게 되는 관계 때문에 동생만 아버지와 있게 하고 외가로 갔던 것인데 이런 상황이 벌어진 것이다. "바람이라도 쐬고 들어가세요." 하고 남자 쪽으로 가면 2시에 면회가 되었다. 아버지는 "네가 사내라면 애비를 이렇게 놔두겠냐?"고 화를 냈다. 나는 말없이 면회시간이 지나가기를 기다렸다. 면회 감독하시는 분이 한마디 거들었다. "지금 당신이 무슨 잘못을 했는데 딸에게 화를 냅니까?" 서류에 면회

신청자의 관계를 보고 하는 말이었다. 아버지는 할머니가 바라는 아내를 만났는데, 갇혀 있으니 얼마나 답답하면 그러겠나 싶었다. 교도소 담은 참 높았다. 그 안에 있는 사람들이 담 밖을 얼마나 그리워할까 하는 생각을 하며 긴 담을 끼고 걸어 나왔다. 그렇게 대화가 안 되는 부녀간이었다. 새엄마는 점점 배가 불러오고 있었다. 집을 나간 엄마는 고생 좀 하라는 뜻인지 이혼을 해주지 않았다.

일본에서 오래 살다 오신 변호사 사무실을 찾아가 사정 얘기를 했다. 변호사는 변호를 해주면 얼마를 줄 거냐고 물었다. 있는 돈 액수를 말하고 이것밖에 없지만, 아버지가 나오면 잊지 않고 다 드리겠다고 했다. 나는 "그 안에서 어떻게 아이를 낳겠습니까? 일본에는 간통이 구속되게 할 정도로 죄가 아니라고 들었는데요?" 했더니 변호사는 "에끼, 여기는 한국이다. 이놈아!" 하며 웃었다. 변호사는 웃음이 참 좋아 보이는 분이었다. 문을 닫고 나올 때까지 머리를 숙여 부탁을 했다. 전에 아버지가 해주던 말이 떠올랐다. "너는 성격이 대나무 같다. 이 아비가 힘들 때는 곁에 있다가도, 뭔가 해줄 수 있을 때는 옆에 없더구나." 이 상황에서 왜 그 말이 떠오르는지 몰랐다.

재판 심리가 끝나고 출소하는 날이었다. 임신이 한몫했는지, 변호사가 내 사정하는 꼴이 안 되어 변호를 잘했는지, 두 분이 나오는 날 옷과 신발을 들고 교도소로 갔다. 이번에는 아버지가 먼저 나오고 새엄마가 더디 나왔다. 길어야 1시간 정도였을 텐데 "네 엄마가 왜 이리 안 나오냐!"며 그쪽만 바라보고 있었다. 나는 아버지가 "애썼다"고 한마디만 해주면 그동안 힘들었던 마음고생이 눈 녹듯 사라질 것 같았

다. 이런 내 마음을 모르는 것 같은 아버지를 향하여 '나는 여기까지입니다! 잘 사십시오.' 속말을 던지며 돌아서서 교도소를 빠져나왔다. 새엄마 언니가 고개를 숙이고 있는 모습도 거기에 있었다. 나는 이것으로 아버지와 긴 이별을 해야 할 것 같은데 동생이 걸렸다.

면회 갈 때마다 아버지를 원망하던 새엄마가 나를 보면 말을 하지 못했다. 나도 처음 인사하려고 했을 때 반대했던 일로 새엄마 대하기가 불편했다. 새엄마는 두 명의 동생을 낳았다. 그러고 보면 나와 동생은 친엄마 없는 서러움으로 살았고, 새엄마에게서 낳은 동생들은 아버지 없는 원망을 안고 살아갔으며, 두 번째 새엄마에게서 낳은 동생들은 아버지 호적에 오르지 못하고 살았다. 결국, 어머니의 죽음으로 모두 불행한 삶을 살게 되었다. 집을 나간 엄마는 재판에서 진 뒤 포기하고 사는지 연락을 끊었다.

결혼

가을 문턱에 서 있었다. 학생 수련회에 같이 갔던 장로님이 자기 동생하고 결혼하라고 하였다. 나는 하나님께 서원 기도했기 때문에 할 수 없다고 했다. 장로님은 하나님은 사랑이시니 결혼에 대해 기도하고 우리 집안에 선교사로 와 달라는 것이었다. 나는 결혼 문제를 놓고 기도하다가 어려운 일을 겪은 뒤 마음을 굳히고 있어서 쉽게 대답할 수 없었다. 그러나 기도해 보라는 장로님 부탁도 있고 해서 또 기도에 들어갔다. 한 영혼을 위해 보낸다는 하나님의 음성을 듣고 그를 만나겠다고 했다.

깊어지는 가을, 만나기로 약속한 다방에 가서 그의 형수님과 같이 만났다. 형수님은 교회 전도사님으로 언니처럼 믿고 따랐던 분이었다. 그러나 결혼을 두고 만나보게 되어 어려운 관계가 되었다. 형수님은 우리 둘이 편하게 얘기하라고 하고 다방을 나갔다.

"좋아하는 사람 있어요?"

"네!"

"어떤 사람인가요?"

"부자나 가난하거나, 노인이나 젊은이, 배웠거나 그렇지 못한 모든 사람에게 존경받는 사람을 좋아합니다."

"도시와 시골 어느 곳을 좋아하세요?"

나는 속으로 도시가 좋다고 하면 도시에 멀미를 내고 있을지 모를 일이고, 또 시골이 좋다고 하면 도시에 맞게 사는 법을 모르는 사람이라고 하지 않을까 하는 생각이 들었다. 이도 저도 아닌 중간의 답을 내는 것이 지혜 있는 답이 되겠다 싶었다.

"어디에 살든 정 붙이고 살면 그곳이 좋은 곳이라고 생각해요."

"이쪽으로 와서 내 옆에 앉으세요."

"초면에 그럴 수 없어서요."

"그쪽에 찬바람이 들어와서 그러시라고 했어요."

"배려해주시는 마음이니 받겠습니다."

그가 있는 옆자리에 앉았더니 바로 일어나 나가자고 하는 것이었다. 나중에 그가 권하는 자리를 끝까지 사양했더라면 서운하였을 것이라고 하였다. 주말이 되면 그는 양평에서 서울로 올라와 나를 만났다. 그는 만나볼수록 같이 살아도 될 사람으로 믿음이 갔다.

주말이 되어 종로 다방에서 그를 기다리며 창밖을 내다보고 있었다. 어둠이 깔린 도시를 네온이 비추고 있는 밤이었다. 빈 의자들이 놓인 다방 안, 종업원이 눈치를 주는 것 같았다. 그때 목조건물 계단을 울리며 올라오는 발소리가 들렸다. 10월의 쌀쌀한 날씨 속 외투도 입지 않은 양복 차림이었다. 그는 냉기를 쏟아놓으며 말했다.

"다음에 또 이렇게 늦게 되더라도 기다려줘요! 기차가 연착하는 바람에 얼마나 불안했는지 몰라요. 학교 끝나고 역으로 나와 1시간이나 기다렸어요."

나는 그의 얼굴을 보며 말없이 웃어주었다. 그는 12월에 결혼하자고 했다. 그리고 원하는 것이 있으면 무엇이든지 해주겠다고 했다. 내가 해줄 게 없는데 무엇을 해달라고 할 수 없는 노릇이었다. 나는 용기를 내어 다이아몬드 반지를 해주고 프러포즈를 해주면 좋겠다고 했다.

그에게 프러포즈를 받기로 한 날, 몹시 추웠다. 둘이서 낙엽을 밟으며 비원을 향해 걸어갔다. 나는 말없이 따라가고 있었는데 커다란 은행나무 앞에 멈췄다. 말을 하려다 어색해 하는 그의 모습을 차마 바라볼 수가 없었다.

"이렇게 나이 든 사람끼리 결혼하는데, 젊은이들처럼 사랑이니 하는 말이 안 나오네요! 정신적으로 의지하며 살아갑시다."

그의 말과 약속을 지키는 모습이 마음에 들었다. 나는 외로운 삶의 허기를 무엇으로도 채워지지 않는 가운데 살아왔었다.

"나무에 기대는 것처럼 기댈 수 있는 분이라 여겨 의지가 될 것 같네요."

나는 장롱 속에서나 두고 보는 다이아몬드 반지 대신 TV를 사자고 했다. 아무것도 해갈 수 없는 내 부끄러운 처지에 대한 작은 양심이었다. 그는 내 처지를 생각해서 기분이 상하지 않게 마음을 써주는 사람이었다.

아침부터 서둘러 청량리역으로 가는 버스를 탔다. 양평으로 가는 기차는 1시간 기다려야 했으므로 대기실 낡은 의자에 앉아 사방을 둘러보았다. 신문지를 의자에 깔고 밤을 새운 사람들의 흔적이 남아 있었다. 겨울로 가는 밤을 견디는 모습을 보며 사람이 행복하다거나 불행하다는 기준이 나를 비교함에 있다는 것을 느꼈다. 내가 저 빈자리를 보게 되는 것은 살아온 삶이 추워서일 것이었다.

양평으로 신혼집을 구하러 가는 중이었다. 그가 주말을 이용해 얻어 보려고 했으나 구하지 못하고 있다는 말을 듣고 장로님이 나를 불렀다. 곧 결혼식이 가까워지는데 시간이 있는 사람이 가서 알아봐 달라는 것이다. 그 일이 잘 되면 만나 저녁을 먹고 서울로 돌아올 생각이었다.

기차는 너른 강을 끼고 달렸다. 윤슬은 차가운 물 위에 앉아 있는 새들 사이로 금빛을 뿌리며 일렁였다. 산과 나무가 물 위에 그림을 그리고, 단풍나무는 붉은 미소를 보내고 있었다. 겨울을 앞에 두고 있어도 내 반쪽을 만나러 가는 길이라 마음이 훈훈했다. 기차 안에서 강바닥을 내려다보니 학생들을 데리고 여름 캠프 왔던 추억이 떠올랐다.

양평역에 내려 낮은 건물들이 늘어서 있는 거리를 둘러보았다. 전에는 산이었을 높은 곳에 교회가 보였다. 한참 올라가니 넓은 교회 마당 뒤쪽으로 사택이 보였다. 평일이라 그런지 조용한 마당을 지나 문을 두드리자 지적으로 보이는 여자 분이 문을 열어주었다.

"실례하겠습니다. 사모님 되시나요?"

"네, 그런데 누구세요?"

"결혼식 올리고 이곳에 와서 살 건데요. 교인 가정에 빈방이 있으면 구할 수 없을까 해서요."

"들어오셔서 목사님께 말씀드려 보세요."

"감사합니다."

목사님은 교회 장로님 댁에 방이 있으니, 같이 가서 보자며 고옥으로 된 집으로 데려갔다. 40만 원 전세에 부엌이 딸린 방이었다. 생각보다 쉽게 방이 구해지자, 그에게 전화한 뒤 다방에서 기다렸다. 읍 소재지 다방은 손님이 없었는데 혼자 앉아 있는 나를 다방 마담이 힐끔힐끔 쳐다보는 것이었다. 해 질 무렵 그가 들어오더니 어떻게 방을 구했느냐고 반가워했다.

결혼 준비를 시댁 쪽에서 다 해주었어도 마음이 바빴다. 외숙모가 이불을 만들어주기로 해서 도와드리고, 주소를 들고 아버지를 만나려고 지방으로 가는 기차를 탔다. 아버지는 할머니가 시키신 대로 두 번째 새엄마가 낳은 동생들과 살고 있었다. 교도소에서 나오자마자 여동생을 낳고 밑으로 남동생을 낳았다고 하였다. 새엄마와 편하게 얘기를 나눌 수 없었다. 아버지에게 좋은 사람 만나 결혼하게 되었으니 와서 식장에 데리고 들어가 달라고 말했다. 서울로 올라가면서 큰댁에 들르라는 아버지의 부탁으로 할머니가 사셨던 큰댁을 처음으로 찾아가고 있었다. 도시가 깨끗한 전주 시내에 있는 큰댁은 창문만 빼고 담쟁이가 덮인 이층집이었다. 백부는 시청에 근무하며 9남매를 잘 키운 가정에 충실한 분이었다. 형제분이 모습은 같았으나 사는 모습은 달랐다.

많은 사촌을 만나니 불편해서 바로 서울로 가겠다고 나섰다. 새언니가 만 원을 주면서 잘 가라는 것이었다. 괜히 왔다는 생각을 하면서 어머니가 살아있다면 이런 대접은 받지 않을 것 같았다. 큰애가 결혼하게 되었다고 좋아하며 모든 것을 해주었을 것을 생각하니 가슴이 아팠다. 동생을 결혼시킬 때보다 어머니 생각이 더 났다.

결혼식은 다니던 교회에서 했다. 꽃시장에서 꽃을 사다 부케를 만들었다. 그리고 신학교 음악과에 다녔던 언니가 졸업 발표하면서 입었던 드레스를 빌려 웨딩드레스로 입었다.

결혼식 시간이 다 되어도 아버지는 오지 않았다. 교회에서 식을 올리니 조금 기다리기로 했지만, 미리 와서 기다리는 분들께 미안했다. 늦게 도착한 아버지는 양복 차림이 아니었다. 외삼촌을 불러 식장에 데리고 들어가 달라고 했다. 딸 결혼식에 아버지를 그렇게 해서 보낸 새엄마가 야속하게 생각되었다. 자식이 결혼하는데 아무것도 해주지 못하면서 식장에 데리고 들어가지 못하는 형편이 되었다. 신혼여행을 떠나려고 하는데 아버지가 손에 흰 봉투를 건네주며 잘 갔다 오라고 하였다. 그렇게라도 해주려고 하는 아버지 마음을 생각하니 가슴이 메어왔다. 나는 그와 눈 쌓인 유성 온천으로 신혼여행을 떠났다.

양평교회

양평교회는 읍 소재지에 있는 오래된 교회였다. 교회가 크면 그만큼 봉사할 일도 많았다. 금요일에는 구역예배 후 철야, 주일에는 주일학교, 중고등부 예배가 시작되고 성가대 연습 후 대예배로 이어졌다. 교회에서는 교육관을 짓기로 해서 성도들이 힘을 모아야 했다. 교회 산에 가서 잘라놓은 나무를 줄로 묶어 양쪽에 다섯 사람씩 들고 한쪽 줄 사람들이 "십자!" 하면 다른 쪽 사람들은 "군병!"을 외치면서 내려가게 했다. 그렇게 들고 가서 끈을 풀어 나무를 산 아래로 굴려 보냈다. 트럭에 나무를 싣고 교회 마당에 내려놓은 후 낫으로 나무껍질을 벗기는데 나무 냄새가 참 좋았다. 벽돌 만드는 일은 낮에는 시간이 되는 장년들이, 오후에는 청년들이 퇴근해서 도왔다. 모래에 시멘트를 섞어 물을 부은 다음 기구에 넣어 벽돌을 찍어냈다. 그러기 위해 물을 길러와 드럼통에 가득 채워놓아야 하였다. 금요일 밤에는 구역을 돌며 예배를 드리러 가면 집집이 간식거리로 땅콩을 내놓았다. 목사님은 새댁에게 힘든 일을 하게 한다고 미안해하셨지만, 건물이 다 지어질 때까지 노인들도 힘을 모아야 했기 때문에 보고만 있을 수 없었다.

남편은 낚시를 좋아해 주말마다 강가로 나갔다. 오전 예배 끝나고 점심을 가지고 낚시터로 내려갔다. 남편의 낚싯바늘이 어쩌다 내 묶은 머리카락을 낚아 큰 고기 잡았다는 농담에 마주 보며 웃었다. 낚시하면 집중력이 생겨 좋다는 그의 낚시터에 나는 놀러 갔다 오는 즐거움을 맛보았다.

우리가 사는 모습이 보고 싶어 어머님과 큰 시누님이 오셨다. 장독에 고추장이 담겨 있는 것을 보시고 살림을 제대로 할까 싶었는데 걱정을 내려놓고 가도 되겠다고 하셨다. 어디 좋은 곳에 모시고 가서 구경이라도 시켜드리고 싶었다. 강원도에서 흘러온 물이 좋은 양평은 이름난 약수터가 많았다. 그곳에 두 분을 모시고 가는 길에 차표를 사면서 잃어버리면 안 되는 주민등록증이 지갑에서 빠져나간 것을 알았다. 혼인신고도 하지 못한 나는 주민등록증이 없으면 서류를 만들 수 없었다. 다음날 주민등록 거주지를 찾아갔더니, 아버지의 거주지가 말소된 상태였다. 어떻게든 서류를 만들어 가서 결과물을 남편에게 보여야 했다. 본적이 있는 영등포 구청을 찾아가 호적 등본을 떼어 와 남편의 호적에 동거인으로 올렸다. 나중에 안 일인데 큰형님이 혼인신고를 늦추라는 부탁이 있었다. 그리고 일주일이 지났다. 집배원이 찾아와 "혹시 주민등록증을 잃어버리지 않았어요?"라고 물었다. "네, 그런데 어떻게 저를 아셨나요?" "청년 헌신예배에 설교하시더군요. 빨리 우체국에 가보세요. 아마 서울 시청으로 보내지 않았는지 모르겠군요." 나는 우체국으로 달려갔다. 우체국 직원이 늦추어 놓은 주민등록증을 찾아 가지고 나오며 하나님이 도와주셨음에 감사드렸다.

남편이 마음에 담아둔 얘기를 솔직하게 해주었다. 아무도 그렇게 말해주지 못할 것 같은데 참 용기 있는 사람이라고 생각되었다. 나는 지금까지 교회 일과 내 생각만 하고 살아왔다는 생각이 들었다. 이제 같이 사는 사람과 의논도 하고 의지하면서 살아가면 되겠다고 다짐했다.

남편과 결혼하도록 애써 주신 분이기도 한 사모님 생신이 되어 사택에 갔다. 사모님이 결혼생활을 잘하고 있는지 물었다. "잘 살게요. 걱정하지 마세요."라고 말했는데 사모님은 잘 웃지 않는 내 표정을 보시고 시댁 어른이 된 장로님에게 집안에 무슨 일이 있느냐고 전화를 하셨다. 장로님은 큰형님에게 전화해서 형님들이 소개하는 신붓감을 마다해서 기분이 안 좋으시냐고 말했다. 결국 어르신들이 막내아우를 생각하는 마음이 커서 일어난 일이었다. 일은 큰 파장으로 이어졌다. 큰형님은 둘째형님을 양평으로 보내며 사정을 알아오라고 한 것이다. 나는 시어른이 결혼 후 처음 찾아오셔서 점심준비를 하느라고 정신이 없었다. 그때 부엌에 대고 나를 부르는 남편의 큰 음성을 들었다. "사택에 가서 뭐라고 했기에 이런 일이 벌어져!" 하는 말에 나는 깜짝 놀랐다. 쿵쿵거리는 가슴으로 떨고 있는 나와 힘들게 준비한 음식을 두고 점심을 사 드리겠다며 나가 버렸다. 인사도 못하고 방에 털썩 주저앉아 있다가 들어온 남편에게 해명을 들어야 했다. 큰형님은 아래로 두 동생을 대학에 보내느라 고생한 걸 알아주었으면 하는 기대가 컸다. 셋째형님이 미국에 가서 공부하고 돌아왔으니, 조카 교육비를 대라고 한 것이다. 그 말을 들은 남편은 내게도 그걸 원하신다면 대학

다니는 것을 지금 그만두겠다고 했으며. 형님들은 막내에게는 바라지 않을 거니까 대학을 마쳐달라고 사정했었다는 얘기를 해주었다. 남편이 어렸을 때 아버님이 돌아가셔서 많은 자녀를 키우셔야 할 때, 어머님은 큰형님의 도움을 받아 두 아드님을 대학에 보내려니 큰형님에게 빚진 마음으로 사셨다는 것을 알았다.

그 일이 있은 뒤 우리 부부가 잘 사는 것을 보여드리려고 마음먹었다. 나는 남편에게 5년 후에 집을 사자고 말했다. 그때 남편의 월급이 5만 원 조금 넘었다. 집을 사려면 안 쓰는 방법 외에 없었다. 그 일이 이루어지기 위해 하나님께 먼저 소원 기도를 했다. '하나님! 성도의 의무를 다하겠습니다. 첫째, 남편이 교회에 다시 나오게 해주시고, 아이를 주시고, 집을 사게 해주소서!' 이렇게 기도 제목을 두고 십일조를 시작했다. 5년 후 이백만 원만 있어도 소원이 없겠다는 남편에게 십일조 하겠다고 얘기할 수 없었다. 하나님이 기도를 들어주실 거니까 그때 말하기로 했다.

푼돈은 돼지저금통에 넣고 월급은 생활비 빼고 모두 적금으로 들어갔다. 그 적금이 타게 되었을 때 큰형님으로부터 돈을 보내라는 연락이 왔다. 적금 탄 것과 월급 전부를 보내고 돼지저금통을 열어 생활비로 썼다. 이렇게 되면 5년 계획을 이뤄가기 어렵지 않을까 걱정이 되었지만, 부모 같은 분이라 거절할 수 없었다. 생활비에서 더 줄여야 했는데 학교에서 학생들이 지은 농작물을 가져왔다. 그렇게 양평에서 1년 동안 살았다. 나이 많아 결혼한 우리 부부에게 아이가 생기지 않자,

목사님은 사택으로 가는 빠른 길을 두고 돌아서 꼭 우리 집에 들러 기도해주시고 가셨다. 내가 없을 때는 대문에서 기도하고 가셨다는 것을 알았다.

공도교회

공도는 평택에서 안성으로 가는 중간에 있는데, 남편은 발령 통지를 학교에 내고 이사할 방을 구하러 다녔다. 침례교회 사택에 달린 문간방을 급한 김에 얻었다고 이사하면 된다고 말했다. 조카의 도움을 받아 살림을 싣고 처마가 낮은 집에 짐을 내렸다. 사택 마루에서 방으로 들어가는 문으로 짐을 들여놓고 장으로 문을 막으니 사람이 겨우 나갈 틈이 생겼다. 방 하나에 장롱, 화장대, 진열장을 놓고 두 사람이 누울 자리가 남았다.

방에서 머리 숙여 부엌으로 나가고, 부엌에서 나가면 교회 마당이었다. 조그만 텃밭을 지나면 대문도 없이 바로 차도가 있었다. 사택 뒤쪽으로는 허허벌판으로 된 논, 옆으로 과수원, 앞에 초등학교가 있었다. 안성으로 가는 큰길을 끼고 중학교, 면사무소, 시장이었다. 그리고 조금 떨어진 곳에 양계장이 있는 작은 도시였다. 교회 마당을 밟고 다른 교회에 간다고 할 수 없었던 나는 목사님의 소개로 교회 식구들을 만났다. 나이 많으신 목사님 내외분은 월남하셨다고 평양 말씨였다. 교회와 사택은 슬레이트 지붕으로 되어 있으며, 은행에서 돈을

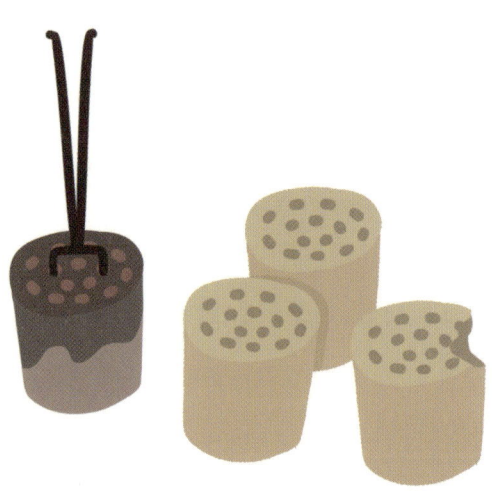

빌려 교회를 지었다고 하셨다. 구원의 확신을 다짐받고 세례교인이 되었는데 교회 일을 하려면 침례를 받아야 한다고 하였다.

양평교회에서 목사님이 집사님들과 함께 오셨다. 나를 잘 몰랐던 집사님은 우리도 이사 가면 이렇게 먼 곳까지 심방하러 오실 거냐고 물었다. 누추한 곳까지 오셔서 나이 많은 우리 부부에게 아이가 있게 해달라고 기도해주시고 가시는 뒷모습을 오래 바라보았다. 목사님이 다녀가시고 친하게 지냈던 집사님이 전화했는데 사정이 있어 못 왔다고, 그곳에서 어떻게 지내느냐, 보고 싶지 않으냐, 어찌 전화도 없느냐 등을 물었다. 나는 지금 여기의 삶에 충실하려고 한다고 답을 주었다. 사실 그랬다. 현지에 있는 교인들과 잘 지내려면 지난 추억에 젖어 있을 수 없었다. 돌아갈 수도 없는 일은 그대로 두고 앞으로 달려갔다.

다시 방을 알아보자고 했었는데 이사한 슬레이트집에서 여름에는 덥고, 겨울에는 천장에 성에가 하얗게 낀 방에서 살았다. 연탄을 계속 갈아 넣어도 방바닥은 차가웠다. 남편은 도대체 구들이 어떻게 되었기에 그러는지 알아보겠다고, 사택 마루 밑으로 기어들어 갔다가 사택 구들과 연결되어 있다는 것을 알아냈다. 우리 아궁이가 굴뚝인 셈이라 불이 들이지 않는 이유였는데 우리는 두 사람의 온기로 살았다.

남의 돈으로 무리하게 사업을 했던 아버지는 굴곡이 심한 삶을 우리에게 보여주었다. 사업도 성공하지 못하면서 가족들 고생만 시켰는데 남편은 다르다는 것을 알았다. 옆에 있는 사람에게 잘해 주려고 하지 않으면서도 겨울을 견디는 소나무같이 의지가 되게 해주었다. 나는 검소하게 살아가려고 노력하는 사람 곁에서 하자는 대로 견디며 살아냈다. 비록 초라한 집이었지만 앞날을 걱정하지 않고 살게 해주는 사람과 행복했다.

임신

　셋째형님이 소개하신 병원에 갔더니 나팔관 하나가 막혀 있어 임신이 어렵다는 진단이 나왔다. 남편과 상의해서 오면 홀트에서 아기를 소개해주겠다는 의사의 말을 들었다. 그러나 불가능을 가능케 하시는 하나님이 내 기도를 들어주실 것을 믿었다. 매일 저녁 교회 마루에 엎드려 기도하고 들어와 자리에 누워 또 기도하며 눈물로 베개를 적셨다.
　어머님이 우리가 이사 온 곳이 보고 싶어 오셔서 계시게 되었다. 어머님 생신이라 서울에서 큰형님과 작은형님이 오셔서 닭을 삶아 달라고 하셨다. 양계장에서 다 자란 어린 수탉을 사다가 삶았더니 다리 하나씩 드시고 남은 고기는 뼈를 골라내고 미역국을 끓이기로 하였다. 그런데 국솥을 열다가 비위가 상해 닫아버리고 형님에게 간을 봐 달라고 부탁했다. 어머님께 드릴 생일 선물을 출근하려는 남편에게 끼워드리라고 하며 "어머님은 저 반지보다 손주 소식이 더 좋으실 텐데……." 하며 중얼거렸다.
　어머님은 며칠 동안 식사를 못하는 내게 "너 무슨 소식 있는 것 아니냐?" 하고 물으셨다. "아니요!"라고 대답하며 속으로 아프던 위가 잘못되어 그런가 싶어 걱정하고 있었다. 누룽지를 끓여 먹으며 견디고 있는데 "너, 뭐 먹고 싶은 거 없냐?" 하셔서 나는 얼른 "시장에 살구가 나왔던데요!"라고 지나는 말로 대답하고 잊어버렸다. 어머님이 바람 쐬러 가셨나 찾고 있는데 살구 한 봉지를 들고 오셨다. "어머님, 이걸 사 오시려고 위험하게 큰길 건너갔다 오셨어요?" 하며 어머님을 바라보았다. 살구를 다 먹어치우는 나를 보시더니 "내가 볼 때 틀림없는 것 같으니 내일 병원에 다녀오너라." 하셨고 나는 "다니던 병원이 서울에 있는데요!" 했더니 "내 점심 걱정하지 말고 다녀오너라."

다음날 밥을 해서 아랫목에 묻어놓고 일찍 평택에서 서울 가는 기차를 탔다. 의사는 남편하고 상의하고 왔느냐고 물었다. "저 약국에서 임신 반응검사 해보고 왔어요." 내 말에 그럼 소변 받아오라고 하더니 검사한 다음 "자네 기도를 하나님이 들어주셨네! 임신이야." 하며 머리가 하얀 여의사는 내 등을 두들겨 주었다.

집으로 돌아오는 발걸음이 구름 위로 걸어가는 것 같았다. 유모차를 끌고 가는 모습, 배를 내밀고 걸어가는 임산부의 모습을 부러운 눈으로 보았던 지난 일을 내려놓으며 집에 도착했다.

"어머님, 임신했대요."

어머님은 기뻐하시며 퇴근한 남편에게 먼저 얘기하셨다. 우리는 어머님의 걱정을 덜어드리게 되어 무엇보다 좋았다. 어머님은 병원에 가봐서 임신이 어렵다고 하면 아이를 데려다 키우라고 하셨었다. 집안에는 내가 낳은 것처럼 숨겨주시겠다고 하였을 때 2년만 기다렸다가 말씀대로 하겠다고 약속했었다. 그 2년이 되어가는 날 하나님이 선물을 주신 것이다. 어머님은 어디에서 힘이 나는지 나를 과수원으로 끌고 가서 주인에게 과일을 팔아달라고 사정하셨다. 주인은 첫 상품 포장 중이라 조금은 팔 수 없다고 해도 우리 며느리가 첫애를 가져 먹어야 하니 팔아달라고 또 사정하셨다. 그 모습이 안타까워 멀리 떨어져 있는 내게 샀다고 웃으시며 검붉은 자두를 안고 오시는 것이었다. 어머님은 그 얘기를 남편에게 하시며 저녁상을 받으셨다. 어머님은

할 일을 마친 듯 서울 집으로 가셨다.

　잠결에 머리가 어지럽고 토할 것 같아 끙끙거렸다. 남편이 나를 깨워 일으켜 세웠으나 뒤로 넘어졌다. 남편은 배부른 나를 안고 교회 마당으로 나왔다. 동치미 국물을 마시게 해주어 토하고 나서 정신이 들었다. 남편은 어디서 그런 힘이 나서 무거운 나를 안고 좁은 문으로 나왔을까. 놀랐다는 내 말에 자신도 무슨 정신으로 그랬는지 몰랐다고 했다. 아무튼, 두 사람을 살리는 일이었다고 서로 위로하였다. 참 신기한 것은 남편과 같이 잠을 자는데 나만 연탄가스를 마시게 되는 것이었다. 그 후 날씨가 흐린 날이었는데 다시 자다가 몽유병 환자처럼 밖으로 기어나가 기절해버렸다. 안방 사모님이 이상한 소리를 듣고 나와 나를 발견했다. 남편은 내가 정신을 차리자 나를 깨우지 어떻게 혼자 나갔느냐고 했다. '아, 그렇지 남편을 깨우면 되는 거지. 나는 혼자가 아니지!'라고 다짐했다. 그리고 깨달은 것은 무의식 속에 내가 스스로 해결하며 살아내려 하고 있다는 것을 알았다.

　남편에게 자장면이 먹고 싶다고 했더니 사 먹으라고 하는 것이었다. 혼자 갈 수 없어 못 먹었다는 말에 어머님은 자장면을 사 주시며 먹으라고 하셨다. 어머님의 사랑이라 두고두고 기억하는 일이 되었다.

첫아이

집에서 부업해 주고 남은 실로 옷을 짜 입었다. 그리고 태어날 아이 용품과 이불을 짜서 들고 서울 병원에 갔다. 의사는 예정일 앞뒤로 일주일을 잡으면 된다고 일러주었다. 외가에 가서 배가 아프면 병원에 가기로 했다.

진통이 와서 다니던 병원에 왔다고 하니, 집안 식구들이 모였다. 큰시누님은 내 표정을 보고 아직 멀었다고 했다. 나는 참을 수 없을 정도가 되어 병원 이층으로 올라갔다. 화장실 가는 줄 알았던 식구들이 혼자서 분만실로 올라갔다는 것을 알게 되었다. 자정이 다 되는 시간이어서 의사는 퇴근하고 없었다. 밤 근무하는 간호사에게 아이가 나올 것 같다고 말하는 순간 양수가 터졌다. 간호사가 급하게 의사를 불러 진통 끝에 딸을 낳았다. 어머님은 집으로 가지 말고 어머님 댁으로 오라고 조카를 보냈다. 조카가 아이를 안고 택시를 잡으러 다녔다. 내가 만든 이불로 아기를 싸면 추울 거라는 생각을 못했다. 어머님 방에 아이를 눕혀놓으니 푸른 변을 보는 것이었다. 차가 빵빵거리는 길에서 놀란 것 같았다. 옆에 누워서 손을 꺼내 보았다. 작은 손가락 열 개

가 꼼지락거리고 있었고, 발가락도 예쁘게 가지런했다. 다시 가슴을 열어 보았더니 검은 점이 보여 가만히 덮어두었다. 여자아이가 가슴에 그런 검은 반점이 있어서 어쩌나 걱정되었다. 다음날 자세히 보았더니 젖꼭지였다. 너무도 모르는 게 많은 왕초보 엄마였다. 첫아이가 태어나자 전에는 조카라도 데려다 기르자고 하던 남편이 보름달처럼 환한 얼굴로 출근했다. 나도 바라던 일이라 세상에 부러울 것이 없었다. 아이가 자는 모습을 들여다보며 천사가 세상에 온 것 같다고 느꼈다. 밤마다 아이를 업고 교회 마당에 나가 재우며 '달밤'을 자장가로 불러주었다.

3월 초에 낳은 아이는 차가운 방바닥에 누워 있으려고 하지 않았다. 엄마의 등에 업혀 잠을 자고 놀았다. 잠시만 내려놓아도 울어서 다시 업어야 했다. 아기 사진도 혼자 있는 것을 무서워해 찍지 못했다. 아이는 사흘이 멀다 하고 열이 40도가 넘어 병원 문턱이 닳도록 다녀야 했다. 뱃속에 있을 때는 크게 입덧도 하지 않고 잘 자랐던 아이가 태어나서 고생이었다. 열에 시달리는 아이를 안고 '하나님! 이 아이가 잘못되면 저는 살 의미가 없습니다.'고 속으로 기도했다. 하지만 교회 일은 해야 하였다. 아픈 아이를 업고 구역예배를 드리기 위해 먼 곳에 사는 성도의 집에 갔다 오면 한밤중이 되었다.

그렇게 귀하게 낳은 아기를 쾌적한 환경에서 자라게 해주었어야 하였다. 또 사랑으로 키워야 했는데 그러지 못했다. 우리 부부는 부모가 될 준비가 되어 있지 못한 것도 있지만 우리에게 계획이 있었기 때문에 열악한 환경에서 참고 살았다.

아이 옷도 얻어다 입혔으며 월부 전자제품이나 새 옷을 사지 않고 살았다. 남편은 만 원 하는 구두를 사면 사계절 신어서 밑창이 닳아 구멍이 나면 다시 샀다. 아궁이의 열기가 구들로 들어가지 못하는 이유를 알았지만, 냉골에서 두 사람의 체온으로 아기를 안고 잠을 잤다.

헌 물

가을이었는데 날마다 비가 내렸다. 통일벼 볏단을 쌓았던 자리에 벼가 떨어져 수북했다. 초등학교 사택에 사는 집사님하고 빗자루와 쓰레받기를 들고 가서 떨어진 벼를 쓸어 담았더니 벼 두 가마니가 되었다. 방앗간에 가서 찧어 만든 쌀로 떡을 해서 온 교회 식구들이 먹고 이웃에도 나누어 주었다. 남은 쌀은 집사님과 내가 돈으로 환산하여 여전도 회비로 모아 두었다. 원로목사님이 내게 회계를 맡기며 교회 지을 때 은행에서 빌린 돈이 빚으로 남아 있다고 하셨다. 성도가 적은 시골 교회라 경제적으로 어려운데 거기에 갚아야 할 빚도 있었다. 초등학교 사택에 사는 집사님과 내가 십일조를 해서 교회 헌금에 보탰다.

침례교회는 본부에서 목사님 발령을 하는 것 같았다. 담임목사님이 번갈아 오셨으나, 사택이 초라해서 모시기 미안했다. 목사님이 새로 오셨는데, 한 달 정도 설교하시고 자리에 누워계셨다. 다음 분이 오실 때까지 근처에 목회하다가 쉬면서 소를 기르시는 전도사님이 주일예배를 인도하였다. 목사님은 강단에 서지 못해 성도들에게 죄송하다면

서 일곱 자녀가 두 분께 선물한 패물을 강단에 내놓으셨다. 그 일을 아시게 된 큰아드님이 패물을 돌려주시면 돈으로 환산하여 헌금하시겠다고 하였다. 목사님의 귀중한 물건을 어쩌지 못하고 가지고 있었기에 바로 드렸다. 군목으로 있는 목사님 둘째 아드님 부인이 와서 나를 만나 목사님이 위암이라고 말해주었다. 나는 밤에 교회 마루에 엎드렸다. "하나님, 건강하신 목사님이 오셔도 시골 교회 부흥시키기 어려운데 이렇게 아프신 분을 보내셨습니까?" 하고 따지듯 물었다. 하나님은 이 교회에 헌신이 될 일이라고 알려주셨다. 그때는 무슨 뜻인지 잘 몰랐다. 목사님은 아드님이 찾아드린 패물을 다시 교회에 드렸다. 패물을 정리하고 목사님 사례비가 모여서 교회 빚을 갚게 되었다. 그 후 하나님의 응답이 무슨 뜻인지 알게 되었다. 목사님은 몸이 점점 좋지 않았다. 원로목사님 사택 뒤꼍에 작두펌프가 있어 물을 받으러 가면 목사님이 내가 온 줄 아시고 나무문을 두드리셨다. 목사님은 교회 일과 앞으로의 일을 의논하셨다.

  몇 달 전 교회 청년 어머니가 암으로 임종을 맞고 있었다. 나는 아이를 업고 목사님 두 분과 심방을 다녔다. 그분은 장로님 따님인 올케를 못마땅하게 생각한 나머지 친정으로 돌려보냈던 사람이었다. 살아오며 마음이 편하지 못했을 것 같았다. 임종 후 수의를 입히려고 보니 온몸이 맞아 멍든 것처럼 검고 울퉁불퉁하여 차마 눈 뜨고 볼 수 없었다. 더구나 통증으로 악을 쓰는 엄마의 목소리가 주인집에 들릴까 봐 밍크 담요로 입을 막으며 임종을 맞았다고 했다. 장례를 마치고 돌아와서 하나님께 다시는 염을 할 수 없을 것 같다고 고했다. 목사님이 오신 지 얼마 안 되어 치렀던 일이었다.

  목사님은 하나님이 부르시면 장례를 맡아 해주고, 그때 갔던 안성 장지에 눕게 해달라고 내게 부탁하셨다. 대답하려니 목이 메어왔다. 그리고 소천하시기 10일 전 또 나를 부르셨다. 이곳에서 장례를 치르는 부담을 줄 수 없으니 서울 큰아들 댁으로 가시겠다고 하셨다. 나는 준비해둔 말을 하듯 "열흘 만요!" 했다. 원로목사님 방 앞을 지나 우물로 가려는데 전화벨 소리에 발을 멈췄다. 아무도 안 계시는 방에 들어가 전화를 받았더니 목사님 큰아드님이었다. 목사님이 괜찮으신지 물었다. 통증은 없으신데 아드님 댁으로 가시겠다고 짐을 싸놓으신 상태라고 말해주었다. 큰아드님은 교회 부흥회 중이라 끝나고 토요일에 내려오겠다고 하고 전화를 끊었다. 그리고 내가 목사님께 부탁한 열흘이 되는 날이었다. 수요 저녁 예배에 나오신 교인들에게 "예배 끝나고 목사님 만나고 가세요!"라고 광고했다. 교인들은 좁은 방에 누워 하나님의 부름을 준비하시는 목사님께 인사하고 돌아갔다. 그 밤으로 대전에서 둘째 아드님이 오토바이를 타고 와서 목사님 임종을 지켰다. 사모님은 나를 깨우러 왔으나 남편을 깨우게 될까 봐, 또 갓난아이가 있어 깨울 수 없었다고 하였다. 이른 아침 사택에 갔더니 어젯밤 1시에 목사님이 하늘나라에 가셨다고 하였다. 나는 "저를 부르시지요!" 하며 마지막 가시는 모습을 뵙지 못해 안타까웠다. "12시쯤 되었을 거예요. 일어나시더니 얼굴을 씻고 옷을 갈아입으시겠다고 해서 도와드렸지요. 설교하실 때 입으시던 정장을 입고 누워 '어! 천사들이 왔네! 임자는 천천히 오게!' 하고 눈을 감으셨어요. 그동안 대변을 볼

때마다 탈장이 되어 고생했거든요." 하시는 사모님 얘기를 들으며 눈물이 흘러내렸다. 이 좁고 초라한 방이 마지막 임지가 되어 하나님의 부르심을 받으신 모습이 숭고하셨기 때문이었다. 연락을 받고 큰아드님인 장로님이 내려오셔서 나를 만났다. 목사님이 부탁하신 안성묘지 얘기를 듣더니 "집사님이 전화 받은 날 아버님이 그렇게 아프신 거 알았으면 집으로 모시고 갔을 거예요. 서울 우리 큰 교회에서 장례식을 했으면 얼마나 영광이었겠어요. 이렇게 초라한 곳에서 장례식을 하려니 마음이 아프네요." 하는 말에 나는 "지금은 장례식 준비하시고 그 얘기는 끝나고 하시지요." 했다. 장로님은 원로 목사님 사택 방으로 들어가서 서울 본 교회 목사님에게 장례 절차를 준비하고 내려오시라는 전화를 끝내는 것을 보고 "장로님, 우리 목사님이시니 순서 하나만 제가 할 수 있도록 해주세요."라고 부탁했다. 그리고 밤늦도록 아이를 안고 교회에 앉아 목사님의 설교 내용을 담아 송사를 썼다. 학생들이 학교가 끝난 후 교회에 모여 습자지로 흰 꽃과 붉은 꽃을 만들었다. 관보 위에 빈틈없이 흰 꽃을 달고 가운데에 붉은 꽃으로 십자가 모양을 달았다.

장례식 날 서울에서 대형차로 목사님과 교우님들이 내려왔다. 땅에서 수증기가 올라가야 비가 내리듯, 성도가 올려드리는 헌신이 있어야 은혜를 받는다는 목사님의 설교 내용이 들어 있는 송사를 읽을 때, 우리 교인들은 물론 서울에서 오신 교인들이 함께 울었다. 삼우제를 마치고 큰아드님이 내복을 사 들고 나를 찾아왔다.

"집사님, 제 생각이 틀렸어요. 마지막 임지에서 하나님의 부르심을 받으시는 아버님 모습을 보니 영광이었어요. 장례식 때 읽어주신 송사를 다시 읽어주시면 녹음해서 추도예배 때 듣겠습니다. 그러니 한 번 더 읽어주시지요."

"녹음을 위해 읽기는 좀 그러네요. 원고를 드릴 테니까 가지고 가시지요. 그리고 선물은 받지 못하겠어요. 목사님께 받은 사랑이 크거든요."

나는 나오는 눈물을 겨우 참고 있다가 교회 마루에 엎드려 '하나님! 목사님 마지막 가시는 길 이 초라한 곳에서 부르심을 받게 하셨군요.' 하고 기도인지 울부짖음인지 모르는 기도를 드렸다. 그리고 죽는 날까지 헌신하며 살기로 약속을 했다.

교회에 다니는 사람들은 부지런해야 한다. 매일 새벽기도, 주일 낮 저녁 예배, 수요 예배, 금요 철야, 구역예배를 드려야 하고 또 교회 일이 있다. 이 모든 일을 하면서 아이를 키우려면 정말 바쁘다. 내게는 불가능을 가능케 해주신 하나님께 받은 은혜가 너무 커서 늘 감사함으로 교회 일을 했다.

보수공사

교회를 지으며 융자해 온 빚이 청산되었으니, 교회를 수리하자고 교인들에게 말했다. 슬레이트 지붕에 금이 가서 비가 오면 교회 마루에 그릇을 여기저기 놓아 새는 빗물을 받아내고 있었기 때문이었다. 교회가 이렇게 새고 있는 것을 보고만 있을 수 없었다. 그때 읍에 사는 집사님 부부가 와서 교회 천장 바꾸는 것을 맡아 하고, 수리하는 동안 이 교회에 나오겠다고 했다. 동역자 두 분이 이렇게 힘이 될 줄 몰랐다.

지붕만 갈아 덮는 것이 아니라 교회 안과 밖 페인트칠하고 휘장과 커튼을 바꿨다. 다시 수리비가 빚이 되었다. 나는 4년 동안 공도에 살며 양계장 하는 집 아이들의 숙제며 다음에 배울 책을 읽게 하며 돌봐주었다. 엄마 품에서 떨어지지 않으려는 아이를 안고 그 일을 했다. 아이들 엄마는 고맙다고 닭과 달걀을 갖다 주었으며 아이 옷을 사오기도 했다. 명절에 큰댁에 갈 때 선물로 그 지역 특산물을 선물로 들고 갔다. 달걀이나 닭을 사서 짐을 쌌다. 그리고 과일을 사서 짐을 꾸려 놓으면 남편은 안 들고 간다고 발로 밀어버리려고 했다. 나는 아이를 안고 가면 짐은 내가 다 들고 가겠다고 말렸다. 큰댁이 두 집, 고모에게도 인사를 드려야 해서 짐이 많았다. 돈으로 하면 간단하겠지만 5년 계획이 있어 그렇게 할 수밖에 없었다.

설 명절이 오고 있었다. 우리 식구를 환하게 맞아주시는 어머님을 뵈려는 마음에 서울 갈 준비로 양은그릇은 윤이 나게 닦아놓고, 기저귀와 아기 옷도 삶아 빨아 말렸다. 보따리를 들고 가는 것을 싫어하는 남편을 생각하며 서울에 가서 선물을 살 생각으로 평택에서 기차를 탔다. 영등포에 내려 버스를 타고 큰댁 근처 시장에 들렀다. 어머님 대신 남편의 뒷바라지를 해준 형님들에게 내복을 사가지고 들어가기로 하였다. 여러 벌을 사다 보니 부족한 돈은 깎아 샀다.

어머님 댁에서 설을 쇠고 영등포역에서 기차표를 사게 돈을 내놓으라는 남편에게 돈이 없다고 말했다. 화가 난 남편이 차비도 남기지 않고 다 쓸 수 있느냐고 따졌고, 나는 그 정도는 있을 줄 알았다고 말했다. 두 사람의 주머니를 털어 기차표 두 장 사고 평택에 자주 다니며 쓰던 버스표가 있어 집에 무사히 갈 수 있었다. 남편은 아무 말도 하지 않았다. 그런데 내가 참을 수가 없었다.

"그렇게 사람들이 많은 곳에서 큰소리로 뭐라 할 수 있어요? 내가 친정에 쓴 것도 아니잖아요. 당신 옷 빨래 해주고 밥해 준 형님들에게 선물 사느라 쓴 건데, 그렇게 화를 낼 수 있냐고요!"

말하고 나니 속이 시원해서 더 말하지 않고 있었다. 남편은 계속해서 침묵하더니 벽촌으로 발령받아 갈 거니까 가고 싶은 곳으로 가라는 것이었다. 갈 곳이 없다는 내 말에 그럼 어머님 댁에 가 있으라는 거였다. 나는 어디로 가든 당신을 따라갈 거라고 했다. 섬이라도 가겠느냐고 물었다. 그러겠다고 했더니 그만 냉전을 풀어주었다. 그 뒤로 싸우지 않고 사는 방법을 생각하며 살아야 했다.

하루는 교회 마당에 나갔더니 교회 안에서 우는 소리가 들렸다. 교

회 안으로 들어가 보니 이용원 하시는 집사님이 아이를 눕혀놓고 울고 있었다. 나는 웬일이냐고 물었다.

"어머님이 장례식에 애를 데리고 가서 돼지고기를 먹였다는데 병원에 다녀도 낫지 않아 하나님 앞에 눕혀놓고 있어요."라고 말했다.

나는 오죽하면 이러겠나 싶어 아이 얼굴을 두 손으로 감싸 안고 하

나님께 간절히 기도했다. 그리고 집으로 돌아간 집사님이 전화를 했다. 아이가 나아서 죽도 먹었다는 거였다. 그 뒤 집사님은 내 부엌 찬장에 농사지은 콩이나 들기름이 든 병을 두고 가곤 했다.

공도교회 사택에서 산 지 4년째 되던 해 2월이었다. 남편이 인천에 있는 학교로 가고 싶다고 전근 신청을 했다. 나는 속으로 발령이 나면 바로 이곳을 떠나게 되어 교회 수리하느라 진 빚을 두고 어떻게 가야 하나 생각하고 있었다. 남편이 인천으로 발령 받던 날, 교회 담임 목사님 앞으로 서울 연예인 교회에서 헌금을 보내왔다. 목사님은 받은 돈을 들고 내게 오셨다. 액수는 빚을 갚을 만큼이었다. 시간대를 알아보니 동시에 일어난 일이었다. 남편은 임지로 달려가고 나는 짐을 싸서 기도실에 쌓아놓고 방을 비워 드렸다. 그리고 양계장 엄마가 계 타는 대로 이자를 붙여 모아준 돈을 들고, 서울 형님 댁으로 갔다. 남편은 서울에서 인천에 있는 학교로 출근했다.

제4부
셋이 타는 자전거

신월동교회

나는 남편의 직장을 따라다니며 교회를 많이 옮겨 다닌 사람이다. 이곳 성결 교회는 예배드릴 때 부흥회 하는 것처럼 손뼉 치며 찬송을 불렀다. 설교 중에도 아멘을 크게 하는데 나는 조용히 예배하는 교회를 다녀서 잘 적응하지 못했다. 아침 9시 예배에 기도 순서가 있어 일찍 교회에 갔다. 강대상 아래 목사님이 두 손을 높이 들고 열심히 기도하시는 모습을 보았다. 그때 주님이 겟세마네 동산에서 죽음을 앞에 놓고, 땀방울이 핏방울이 되도록 기도하신 성경 구절이 떠올랐다. 목사님도 저렇게 하시는데 내가 뭐라고 '아멘'을 크게 못하겠다는 거지? 또 나를 향하여 '하나님께 어떤 예배를 드릴 것인가?'라는 질문을 던졌다. 그 뒤 '살아계신 하나님께 살아있는 예배를 올리자'라고 결심하게 되었다.

교구장이 되어 금요일이 되면 구역장님이 예배드릴 장소를 알려오고 4구역의 예배를 인도하러 다녔다. 구역 식구 중에 노인 권사님이 세상을 뜨셔서 교회에서 장례 담당하시는 장로님과 고인의 방에 들어갔다. 천국에 가신 분의 모습은 다르다는 것을 알았다. 미소 짓는 것처럼

고요한 모습을 보고 왔다.

구역 식구가 산달이 되려면 몇 달 지나야 하는데 아이를 낳았다고 알려왔다. 병원에 뛰어가 산모가 괜찮은지 또 아이가 어떤지 물었다. 아이는 인큐베이터에 있는데 남편이 아이를 데리고 퇴원하자고 한다는 것이었다. 가난해서 병원비를 낼 수 없어서라고 하였다. 아이 아빠가 결정을 내린 일이라 병원에서도 어쩔 수 없이 퇴원을 허락하게 되었다. 나는 아이를 안고 집에 온 다음 이불을 둥그렇게 말아 엄마 뱃속처럼 만들어주었다. 아무도 들어오지 못하게 하고, 아이가 너무 작아 기저귀 대신 거즈로 사용할 것, 특수 젖병을 구할 것 등을 말해주었다. 다음날 갔더니 병원에서 젖병과 링거를 가지고 와서 아이 싸 둔 것을 보고 잘했다며, 그 안에 작은 전구를 켜서 온도를 유지하게 하고 갔다는 것이었다. 나는 저 작은 아이를 초보 엄마가 키울 수 없으니, 하나님이 키워 달라고 기도했다. 사실 아이 아빠도 집으로 데려올 때 살지 못할 걸 알고 데려왔다고 했다. 아이는 기적적으로 자랐다. 백일이 되었을 때 기저귀를 찬 아이를 다독이며 아가씨 엉덩이 같다고 말해주었다. 그 아이는 분명 하나님이 키우셨다고 믿었다. 아이 아빠가 하나님을 만나게 되었다. 새 신자가 순수하게 믿음을 받아들이며 나란히 앉아 예배드리는 뒷모습은 참으로 아름다웠다.

나도 남편과 같이 신앙생활을 한다면 공유하는 일이 있을 것이고, 남편이 교회 일하는 중심에 있다면 남편 도움을 받는 일이 많을 것 같았다. 서둘러 집에 가야 하는 일도 없이 같이 행동하게 될 것 같아 부부가 교회에 오는 식구들을 보며 부러운 적이 많았다. 하지만, 나처럼 교회 일에 바쁜 사람을 이해해주는 일이 쉽지 않으리라 생각되어 고마울 때가 많았다. 교회 일은 헌신과 봉사이기 때문이다. 혼자 교회에 다니며 드리는 내 기도를 언젠가는 들어주실 것을 믿고 있다. 그도 외로운 시간을 보내고 있는 것을 하나님은 아시고 계신다.

둘째 아이

 둘째를 가지게 되었을 때 남편은 딸이어도 좋으니 둘만 낳아 기르자고 하였다. 많은 자녀를 기르시느라 고생하신 어머님 생각이 나서 그러는 것이리라.

 남편은 서울에서 인천으로 전동차를 타고 출퇴근했다. 그 시간대 전동차 이용하는 사람들이 많아 내리고 탈 때 힘들다고 하였다. 큰애 임신했을 때 자장면 사주지 못한 일로 둘째를 가지게 되자 매일 간식거리를 사 들고 왔다. 복잡한 차 안에서 옷깃을 끌어당겨 내린다는 사람이 어떻게 먹을 것을 사 들고 오는지……. 딸과 나는 매일 아빠 오기만 기다렸다.

 겨울방학이라 남편이 집에 있을 때 진통이 왔지만, 나는 자정이 지나서 병원에 가자고 했다. 그러면 입원비 중에서 하루를 줄일 수 있었다. 다니던 병원이 15분 거리에 있어 진통이 오는 배를 안고 걷다 쉬기를 반복하며 병원으로 갔다. 내 얼굴을 본 경비가 바로 분만실로 가라고 안내해주었다. 남편은 복도에서 왔다 갔다 하고 있었다. 아빠가

복도에서 벌을 서는 동안 나는 분만실에서 아들을 낳았다. 남편은 미역국을 끓여온 형님에게 웃는 얼굴로 "저, 아들 낳았으니 미역국 먹고 조리하겠습니다!"는 농담으로 좋다는 표현을 하였다. 형님은 매일 집에 오셔서 친정어머니처럼 내 산후조리를 도와주셨다. 퇴원했다는 소식을 듣고 목사님이 신사복에 접지도 않은 긴 미역을 안고 오셔서 축복해주셨다. 아이는 하나님 앞에서 교인들이 보는 가운데 유아세례를 받았다.

하나님이 좋은 사람을 만나게 해주시고, 딸을 주시더니 아들까지 주셨다. 내가 회사에 다닐 때 어린 아들이 혼자서 큰길 건너 슈퍼에 갔다 온 일이 있었다. 그 길은 경인에너지로 가는 길 입구라 기름 탱크차가 빠르게 오가는 곳이었다. 가게 주인 여자가 길에 검게 난 바퀴 자국을 보라며 집의 아이가 잘못될 뻔했다고 말해주었다. 하나님이 지켜주셨다는 것을 알았다.

시아주버니

부동산을 운영하시던 시아주버님 몸이 점점 약해지더니 결국 자리에 눕고 말았다. 다섯 조카가 어려서 동서 형님은 걱정하며 눈물을 흘리셨다. 나는 시장에 다녀오는 길에 체온계를 사서 큰댁에 드리며 매일 체온을 잰 다음 적어놓으라고 하였다. 그 결과 고온 상태가 계속되는 것을 보고 어머님을 찾아갔다.

"아주버님이 병원에 가셔야 하는데 제가 병원에 가시자고 하면 안 가실 거예요. 그러니 어머님이 가셔서 저희와 같이 병원에 가라고 해주셔요."

어머님은 큰댁에 가서 우리와 같이 병원에 가라고 했는데, 상가(喪家)에 갔다 와서 아픈 것 같다고, 굿을 해달라고 하니 어쩌면 좋겠냐고 하셨다.

"어머님, 저는 믿는 사람이니 가지 않겠습니다. 원하시는 일을 하시고도 열이 나고 아프시면 그때는 병원에 가는 거예요. 꼭 약속하셔야 해요."

어머님은 아드님이 원하는 대로 굿을 하고, 무당이 사관을 떠 주어

떡을 먹었는데, 소화를 시켰으니 나왔다고 하셨다. 그런데 사흘 뒤, 다시 열이 나고 벽에 벌레가 기어간다고 헛소리하신다는 얘기를 들었다. 남편에게 형님을 업고 내려오라고 하고 택시를 부르러 갔다. 병원에 입원시켜드리고 다음날 일찍 병원에 갔다. 의사를 만나 검사 결과를 말해 달라고 하자, 가족이 다 모인 자리에서 설명하겠다고 하였다. 큰아주버님 두 분에게 전화로 오시라고 했다. 의사는 환자가 결핵4기에 가까워 격리치료를 해야 하므로 요양원에 가라는 것이었다. 가족이 의논한 결과 세 놓은 방을 빼고 그곳에 혼자 계시게 할 것이며, 형님과 내가 치료하는 일을 맡기로 하였다. 큰아주버님은 영양 섭취할 생활비를 대고, 셋째 아주버님과 우리는 치료비를 맡았다. 정기적인 검사는 보건소에서 하고 주사는 내가 놓아 드리기로 하였다. 단, 임신 중이니 마스크를 하고 방에 들어갈 것을 아주버님이 식구들이 있는 곳에서 공개적으로 말했다. 그러나 나는 환자의 기분을 생각해서 마스크 사용을 하지 않고 아주버님의 근육에 주사를 놓았으며, 석유풍로에 주사기를 끓여서 썼다. 형님은 조카들을 학교에 보내며 집에서 부업을 했다. 마을 사람들에게 마늘 자루를 나누어 주고 까 온 마늘을 저울에 달아 납품하였다. 그러려니 매일 일이 산처럼 쌓여 그 일을 도와드리다 집에 오면 다리가 퉁퉁 부었다. 뱃속에서 꼼짝하지 않던 아이는 자리에 누우면 기지개를 켜는지 배를 툭툭 찼다. 그 움직임이 큰애와 다르다고 느껴졌다. 아주버님은 혼자서 천장을 바라보며 종일 누워 계셨다. 또 약을 한 움큼씩 먹다 보니 위를 상하게 되어 위 보호제도 같이 썼다.

시아주버니

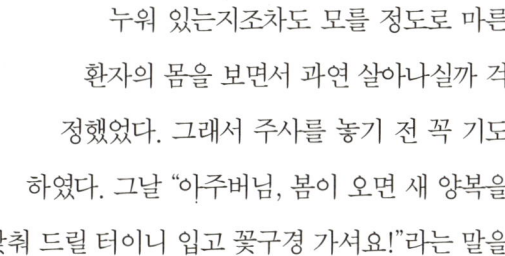

9개월 동안 치료한 결과를 보려고 보건소에 다녀오신 저녁, 조카가 우리 집 문을 두드렸다.

"작은 엄마, 아빠가 이젠 안 아프데요!"

남편과 함께 옷을 챙겨 입고 나섰다. 나는 누워 있는지조차도 모를 정도로 마른 환자의 몸을 보면서 과연 살아나실까 걱정했었다. 그래서 주사를 놓기 전 꼭 기도하였다. 그날 "아주버님, 봄이 오면 새 양복을 맞춰 드릴 터이니 입고 꽃구경 가셔요!"라는 말을 했는데 깨끗이 나았다고 해서 너무 기뻤다. 우리가 들어가자 아주버님은 눈물을 훔치며 "제수씨가 절 살리셨네요. 찰밥 했다고 안 드시고 가지고 왔던 것, 시장에서 고기 사 들고 가다가 반을 두고 간 것 다 압니다!" 남편은 곁에서 아무 말도 못했다. 집에 돌아와 "여보! 내가 큰 아빠에게 약속한 거 있는데 두 분이 양복 맞추러 가셔요. 입고 놀러 가자고요!" 그렇게 병과 싸워 이긴 일로 죽음의 문턱에서 살아왔다고 어머님이 무척 좋아하셨다. 어렵게 사실 때 곁에서 도운 아드님이라 용돈이 생기면 모아 두었다가 가만히 주시는 것을 보았다. 동생들 가르치느라 학교에 보낼 수 없었던 일이 늘 마음에 걸린다고 하셨던 아드님을 어머님 앞에 먼저 가시게 할 뻔하였다. 아주버님은 아이가 태어나자 당신의 아들이 태어났을 때처럼 기뻐하셨다. 그리고 교회 일로 바쁜 나를 위해 대신 아이를 돌봐주셨다.

은광교회

인천이 광역시가 되면서 남편은 인천 시내 안에서 발령을 받게 되었다. 따라서 산간벽지로 갈 필요가 없게 되었으며, 군에 갔다 온 기간을 계산해서 연금을 내면, 호봉을 올려주는 법이 생겼다. 마을 아주머니가 "집의 아저씨 너무 피곤하신가 봐요. 팔도 흔들지 않고 오시던데요!" 하는 말을 들은 뒤 인천에 전세방을 얻어 이사했다. 남편은 근처 학교에 근무하게 되고 나는 영광교회에 다니게 되었다. 새문안교회 야간 신학교에 다녀서 친정에 온 것 같았다. 서울교회에서 심방 오셨다 가시고 나는 두 아이 엄마로 바쁘게 살아가고 있었다. 아이들이 자고 있어 밤 집회에 갔는데, 잠을 깬 아이들이 엄마를 찾으며 울자 남편은 아이들을 데려와 교회 안으로 밀어 넣었다. 얇은 옷을 입은 아이들을 보고 놀란 나는 큰애는 걸리고 작은애는 업고 집으로 왔다. 어느 날, 송구영신 예배하고 집에 온 우리 셋을 보고 남편은 이 시간에 어디를 갔다 오느냐고 하였다. 해마다 그렇게 다녔는데 같이 신앙생활을 하지 않아 몰랐었다.

1983년, 전세를 끼고 석남동에 단독주택을 샀다. 목사님이 집 근처 인광교회(은광)를 소개하시며 새벽기도에는 나가더라도 주일은 효성교회로 오라고 하셨다. 주일 밤 목사님이 소개한 교회를 찾아갔다. 2층 건물에 세를 얻어 반을 막아 사택과 교회로 사용하고 있었다. 목사님 가족이 앉아 예배를 드리고 있었다. 도시에 살면서 이렇게 작은 교회는 처음이었다.

주일이 되어 영광교회에 가서 석남동으로 이사했으니 가까운 교회에 나가겠다고 말했다. 예배 끝나고 교회를 나오는데 장로님이 앞을 막으며 차에 타라고 하였다. 집으로 오는 길에 장로님은 "매주 모시러 올 테니까, 교회를 옮기지 마세요."라고 부탁하는 것이었다. 나는 장로님을 내가 나가게 될 교회로 안내하자, 둘러보신 후 헌금을 봉투에 넣어주시며 열심히 봉사하라고 하고 갔다.

교인들이 늘어났으니 회계를 세우자고 하자, 목사님은 나보고 하라고 하셨다. 공도에 살 때 했기 때문에 회계를 맡아 하는 어려움은 없었다. 교회 이사를 여러 번 하게 되었으며 돈이 없어 지하에 세 들어 있을 때였다. 비가 많이 와서 하수도가 역류하는 바람에 물바다가 되었다. 건물 주인이 돈을 더 받지 않고 2층으로 올라가게 해주었다. 그렇게 이사시키는 하나님이셨다.

목사님은 온양에 계시다가 인천에 오셔서 개척하셨다고 하였다. 사모님은 고우시고 피아노를 잘 치셨다. 온양에서 목회 하실 때는 교인들이 살림을 해주어 별 어려움이 없었으나, 인천에 이사 와서 개척하며 힘이 들었다고 하셨다. 교회가 어려워 내 작은 힘이라도 보태야 하였다. 나는 이 교회에 30년 넘게 다니며 내 생의 중년을 바쳤다. 교회를 섬기자면 어려운 일이 많지만 가장 힘든 일은 전도한 식구들이 교회를 떠나는 모습을 바라보는 일이었다. 이 교회에 다니면서 많은 성도를 떠나보냈다.

그동안 전근하게 되면 그 지역 교회에서 봉사하다가 또 발령지로 이사 가면 그곳에서 일했었다. 그런데 이곳에 오래 살게 되면서 남편의 정년을 맞았다. 목사님도 은퇴하시게 되면서 내게 어떻게 할 것인지 물으셨다. 사실 나도 칠십이 다가오니 성가대가 있는 교회에 가서 남은 신앙생활을 하고 싶었다. 교인들이 다 떠나고 낙심이 되던 중이라 목사님이 그만두시면 계속 다닐 자신이 없었다.

목사님 은퇴식을 마치고 교인들께 세 가지 질문을 가지고 물었다. 첫째, 다른 교회와 합친다. 둘째, 남은 헌금을 노회로 보내고 문을 닫

는다. 셋째, 목사님을 모셔와 계속한다. 교회는 목사님을 모셔와 계속하자는 데 의견을 모았다. 교우님들은 30여 년 섬겨온 교회인데 문을 닫을 수 없으니 다시 힘을 모아보자고 하였다. 목사님이 주신 노회 목사님 전화번호를 들고 교회를 찾아갔다.

  우리 교회보다 늦게 창립한 교회가 큰 교회가 되어 있는 곳이었다. 목사님을 보내달라고 인사하고 차를 돌려 나왔다. 교회를 개척하고 계시는 목사님이 사모님과 따님을 데리고 오셨다. 목사님은 그쪽 교회에 우리 교회가 합병해주었으면 하고 바랐으나 그럴 수 없었다. 결국 예배시간이 맞지 않아 우리 형편에 맞는 목사님을 모시겠다고 대접해서 보내드렸다. 다시 목사님이 오시게 되었는데 반주해줄 사람이 없었다. 주일 낮 예배에만 나오시던 집사님이 메시지를 보내왔는데 반주를 도울 수 있다는 것이었다. 너무 반가워 그렇게 해주시면 감사하겠다고 답장을 보냈다. 그분은 피아노를 잘 치는 분이었으며, 지금도 이름 없이 봉사하고 계신다. 참으로 감사하고 감사한 일이다. 교회는 사람을 통해서 역사하시는 하나님이 계셨다. 나는 어쩌면 죽을 때까지 이 교회를 섬기게 될지 모른다.

셋이 타는 자전거

남편과 결혼하기로 하고 처음으로 시댁에 인사를 갔을 때였다. 나이 드신 어머님을 뵈러 가는 길이라 무엇을 사 들고 갈까 생각하다가 연시를 한 바구니 사 들고 갔다.

"나는 속이 언짢으면 연시를 먹으면 편해지더라. 고맙다."

나는 속으로 '잘 사왔구나!' 했다. 그다음에 갈 때는 인절미를 사 들고 가서 드리니, 똑같은 말씀을 하셨다. 그때 '이분은 상대방을 생각해서 좋게 말씀하시는구나'고 깨달았다. 어머님은 엄마 없이 살아왔다는 내 얘기를 듣고 "나도 조실부모 했다. 너는 며느리 말고 딸 하자."고 하셨다.

어머님과 함께 살게 되면서 가슴속에 꼭꼭 쌓아둔 얘기를 해주셨다. 아드님에게도 못하는 말이 있으셨다. 어떻게 그렇게 살아오셨는지 들으며 가슴이 아파 어머님 손을 잡고 같이 눈물지었다. 그 뒤 어머님의 남은 생은 웃으며 사시게 해드려야겠다고 마음먹었다.

아이를 데리고 회사 일을 하러 다녔다. 돌아오는 길 버스 정류장을

향해 걸어가고 있는데 아이가 물었다.

"엄마, 왜 차 안 타요?"

"응, 걸어가서 한 번 타고 가는 버스로 집에 가자."

"엄마, 시간은 아깝지 않아요?"

아이의 말을 듣고 깜짝 놀랐다. 아이가 나를 가르치고 있었다. 하루는 아이가 따라오지 않겠다고 해서 어머님께 맡기고 일하러 간 적이 있었다.

"저놈 봐라, 내가 대문에서 바람을 쐬고 있었는데, 글쎄 자꾸 들어가라고 해서, 왜 그러냐고 했더니 그래야 안심하고 놀러 간다고 하더라."

어머님은 웃으며 낮에 있었던 일을 이야기해 주셨다.

행복이라는 것, 또는 효도라는 것이 작은 일도 같이하며 감동하는 것이 아니겠냐고 남편에게 말했다.

나는 자전거를 타고 여행을 하듯 삶을 살아왔다. 처음에는 타지도 못하는 자전거를 끌며 안개 속을 홀로 걸어 다닌 삶이라고 해야 할 것이다. 남편이 같이 타고 가보자고 했고, 2인용 자전거 페달을 밟으며 신혼여행이 시작되었다. 혼자 부르던 노래를 같이 부르며 달리게 되었다. 그 후 어머님을 앞자리에 태웠다. 육 남매를 키우기 위해 기운을 다 탕진하여 작아진 분이었다. 어머님은 여러 자녀 중에서 내 남편인 막내아들에 대해 사랑이 각별했다. 봄이 약한 이유가 임신하셨을 때 드신 약 때문이 아닌가 생각하셨다. 그래서 막내아들은 집안일을 못하게 하고 학교에만 다니게 하셨다는 것이다. 그 막내아들이 열일곱 살이 될 때까지 살아있으면 형수들 눈치를 덜 보게 될 거라고 생각하셨다.

어머니가 애틋하게 생각하는 막내아들을 매일 보며 살게 해드리고 싶어 셋이 타는 자전거 여행을 하게 되었다. 다섯 식구가 밥상에 둘러앉아 식사할 때면 어머님은 밥을 한 숟가락 떠 국그릇에 넣고는 밥그릇을 식구들에게 밀며 "더 먹어라." 하거나 밥을 퍼 아들의 밥그릇 위에 수북하게 쌓아 올렸다. 어려운 시대를 살았던 어머님의 저절로 가는 사랑이었다. 남편은 제발 그러지 마시라고 언성을 높이며 "지금은 밥 못 먹는 시대가 아니어요!" 하였다. 그때마다 나는 남편의 옆구리를 쿡쿡 찔렀다.

화장실에서 나오시다 주저앉아 꼬리뼈를 상하신 어머님이 자리에 누워버렸다. 아들도 몰라보는 날이 끼어들었다. 기저귀를 싫어해서 소변을 보면 등허리까지 젖었다. 아픈 다리를 구부리고 계셨기 때문에 윗옷까지 벗고 목욕을 해드려야 했다. 어머님은 몸이 점점 가벼워지셨다. 운전 못하시는 어머님이 끄는 대로 맞춰 살아가야 했다. 어머님 성격이 남에게 부담 주기 싫어했는데, 나오지 않는 대변을 파내어도 어쩔 수 없어 하셨다.

어느 날 어머님을 안고 옮기려다 허리가 삐끗 심한 통증이 왔다. 나는 일어설 수 없었지만, 말도 못하고 허공을 향해 숨을 뿌려야 했다. 늑골이 결려 빨래하기도 힘들고, 반찬 없는 식사를 해야 했다. 어머님의 잦은 기침으로 신경이 예민한 딸아이는 밤잠을 설치고 학교에 가는 날이 계속되었다. 출근해야 하는 남편은 아들 방에서 새우잠을 자는데, 아들도 적응이 되는 것인지 불평하는 일이 없었다. 어머니의 몸을 갉구는 병들이 새로 생겨났다. 감기를 자주 앓으셔서 기침을 계속하셨다. 그런 어머님을 보며 남편은 끝내 어린 자식들 앞에서 한 번도 보이지 않던 눈물을 보이고 말았다.

"이 아비의 어머니인데 모실 수 없다고 어떻게 큰집으로 다시 가시라고 하겠냐!"

온 가족이 한숨을 쉬며 방바닥에 구멍이 나도록 바라보고 있었다. 안방 장롱 앞에 누워 계신 어머님은 열리지 않는 장문처럼 말문을 닫으셨다. 몸이 말을 듣지 않아 돌아눕는 것조차도 못하셔서 산악 지대를 타고 올라가야 하는 힘든 고비가 왔다. 목사님이 오셔서 어머님이 세례를 받게 하셨다.

92세 되던 해 주일 새벽 5시 "그만 쉬어라! 애썼다."는 말을 남기시고 감은 눈을 뜨지 못하셨다. 그렇게 어머님은 셋이 같이 타는 자전거에서 내리셨다. 노인을 모시는 일은 모셔보지 않은 사람은 모른다. 어머님이 계시지 않는 방에 앉아 있었다. 힘들었던 일보다 잘못한 일만 자꾸 생각났다. 어머님은 어머니 없이 살아온 내 생의 반을 사랑으로 채워주시고 가셨다.

"너는 며느리 말고 딸 하자!"

그 말씀이 아직도 가슴에 남아 있다.

두 집사

이 집사님은 시골에 사셨던 시아버지를 모셔와 같이 살고 있었다. 목사님이 영혼 구원을 위해 세례를 받으시게 하셨다. 이른 아침 집사님이 우리 집 문을 두드렸다. 무슨 일이냐고 물으니 목사님 댁에 가서 말씀드리고 오는 중이라며 시아버지 방에 인기척이 없다는 것이다. 상황을 물으니 결핵을 앓는 시아버지의 병이 아이들에게 옮긴다고 남편이 방문을 테이프로 붙여놓았다는 것이다.

"집에 가 계시면 목사님 모시고 갈게요. 우리가 시어른 방에 들어가 본 다음 남편에게 알립시다."

연립주택 밖 창문에 놓인 사다리로 목사님이 올라가서 방 상황을 보시고, 나는 거실에 있는 문의 테이프를 뜯고 들어갔다. 노인은 열리지 않는 문 앞에 언제 운명하셨는지 알 수 없는 상태로 쪼그리고 앉아 있었다. 겨울옷이라도 좋으니 깨끗한 옷을 내놓으라고 하고 이미 굳어버린 다리를 주물러 펴고 몸을 닦는데 항문에 구더기가 있었다. 알코올로 깨끗이 닦은 다음 옷을 입혀 요 위에 모셔놓고, 오늘 새벽에 운명하셨다고 집안에 알리라고 하고 돌아왔다. 다시 연락이 왔는데 교

회장으로 하겠다는 것이었다. 목사님과 내가 수의를 입혀드리고 장례를 치렀다.

집사님의 남편은 형제들에게는 잘했으나 부인에게는 냉정하였다. 그로 인해 집사님은 정신적인 상처로 심한 우울증을 앓았다. 답답한 심사를 달래려고 봄에는 나물을 캐고, 가을에는 밤을 주우러 다녔다. 밤을 주워 백만 원 벌었다는 분은 세상에 없을 것 같았다. 나물을 한 바구니 안고 와서 쏟아놓고 가는 집사님을 바라보며 남편과 좋게 살게 되기를 빌었다.

김 집사님은 직장에 다니며 눈 못 보는 시할머니를 모시고 살았다. 직장에 갔다 와서 방문을 열어보면 노인은 변을 벽에 발라놓았다. 시어머니는 당신의 시어머니가 그런 상황인데 한 번도 찾아오지 않았다. 명절이 되어 아이들을 데리고 인사를 갔는데 문을 열어주지 않아 평생 잊지 못하고 살았다. 집사님은 친정부모 없이 살았던 사람이라 시어머니에게 사랑받고 싶어 노력했지만 헛수고였다는 말을 하였다. 그렇게 살다가 당뇨병이 심해져 아이들 결혼도 못 시키고 천국에 갈 준비를 하고 있었다. 나는 임종 할 때 입을 옷을 해놓고 집사님 딸에게 알렸다. 어떤 시간이 되더라도 엄마가 다르게 느껴지면 전화하라고 한 것이다.

새벽기도를 마치고 집에 왔는데 전화가 와서 달려갔다. 집에서 장례를 치르기로 했는데 고인이 침대 위에 홑이불을 덮고 있었다. 나는 어머님을 방바닥에 잘 모셔놓고 침대를 치우라고 했다. 방바닥 먼지는 젖은 수건으로 훔쳐내게 했다. 그리고 고인의 몸을 닦는데 기저귀 안에 변이 가득 들어 있었다. 주먹만 한 욕창 안에도 들어차 있었다. 고인의 몸을 깨끗이 닦고 만들어간 옷을 입혔다. 장지에 간 날은 비가 너무 많이 쏟아져 급하게 하관할 수밖에 없었다. 사랑하는 사람을 너무도 쉽게 땅속에 묻히게 하고 말았다.

김 집사님의 신앙은 본받을 만하였다. 아픈 몸으로 교회에 열심히 나오는 모습을 보면 누구도 그렇게 못할 것 같았다. 엄마를 닮아 아이들은 반듯하고 성품이 고왔다.

여성의 전화

서울에서 상담하고 계신 형님이 인천 '여성의 전화'에 나가 봉사해 보라고 하셨다. 사무실 교육이 끝나고 서울에서 하는 강의를 받으러 다녔다. 교수가 사례를 중심으로 강의했는데 놀라지 않을 수 없었다. 상담자는 자신이 먼저 상담해서 본인에게도 어떤 문제점이 있는지 고쳐야 했다. 내 안에는 아버지에 대해 풀지 못한 감정이 남아 있었다. 아버지가 나와 동생을 친가에 맡겨두고 돌보지 않은 일을 평생 원망하고 살았다. 서울 개인상담소에 열 번의 상담이 예약되어 반쯤 했을 때였다. 상담소 소장이신 머리가 하얀 박사님은 소파에서 내려와 내 앞에 무릎을 꿇으시는 것이었다.

"아버지에 대해 기대를 버리고 본인이 변하세요!"

내가 변하라는 그 한마디가 내 가슴을 쳤다. 아버지는 변하지 않는데 변하기를 바라며 얼마나 힘들게 살아왔는지. 아버지, 새엄마에게 향하던 화살을 나를 향하여 들여다보게 되었다. 받은 상처를 들고 나를 긁으며 살아왔다는 것을 알게 되었다. 그 상처라는 돌멩이를 던져버려서 내가 나를 더 아프게 하지 말았어야 하였다. 교육이 끝나고 상담실에서 봉사하기 시작했다. 오전 시간대 혹은 오후 시간대를 교대하며 좁은 공간에 들어가 전화를 받았다.

내담자들은 들어주기만 해도 도움을 받았다고 하였다. 그런데 한두 번 전화로 문제가 해결되는 것은 아니었다. 어떤 경우는 면담으로 이

어지기도 하였다. 내담자들은 다양한 문제를 가지고 상담실 문을 두드렸는데 남편의 외도가 가장 많았다. 그들은 남편의 외도 현장을 잡아서 본인의 분함을 털어놓고자 하였다. 그런데 현장을 보면 그 모습이 머리에 박혀 이혼으로 이어졌다. 부모의 이혼은 자식들에게 고스

란히 상처로 남았다. 그래서 자기의 인생을 포기한 채 자식들 때문에 참고 사는 여성들이 많았다. 더 심각한 문제는 가정폭력이었다. 주로 여성들이 맞고 사는 가정폭력은 대물림되고 습관적으로 행해진다는 것이다. 엄마가 맞는 것을 본 자식의 가슴에 분노를 품게 되어 상담으로 풀어주어야 하였다.

잘 모르고 살았는데 수많은 여성이 성 노리개로 이용되고 있다는 것도 알게 되었다. 남성 우월주의가 화간이라고 합리화시키는 경우도 있었다. 여성 포럼 행사를 열어 공무원에게 참석해 달라고 부탁했는데 한 사람도 참석하지 않았다. 성을 파는 여성들은 한번 진흙탕에 발을 들여놓게 되면, 그다음에는 함부로 인생을 살게 된다. 남자가 성을 사지 않으면 여성이 팔 필요가 없을 것이다. 그래서 여성 단체에서 평등을 외치고 있다.

상담자가 객관성을 유지하지 못하면 그들의 사연에 전이되는 경우가 있다. 내담자들이 거울이 되어주어 상담하면서 많은 것을 배우게 되었다. 그리고 많은 사람이 힘들게 살아가고 있다는 것도 알았다. 상담을 마치고 컴퓨터에 내용을 입력하고 집에 오면 아무것도 하지 못할 만큼 녹초가 되었다. 나는 복 받은 사람이라고 생각하며 감사하게 자리에 누웠다.

친정아버지

아버지 생신이 되어 나와 동생은 아이들을 데리고 아버지를 만나러 갔다. 아버지는 새엄마가 인삼 찻집을 하고 있다고 거기로 가보자고 하였다. 아이들을 줄줄이 달고 아버지를 따라 가게로 들어갔다가 쫓기듯 밀려 나왔다. 아이들을 데리고 가게로 들어가는 것이 아니었다는 생각이 들었으나 이미 늦은 후회였다. 아버지와 얘기도 못하고 집으로 돌아왔다. 세월이 흘러 아이들이 대학, 고등학교에 다녀도 나와 동생은 아버지와 연락을 끊고 살았다. 내가 사는 근처에서 회사를 차리게 되었다고 꼭 오라는 전화를 받고 찾아갔다. 유기질 비료를 만드는 곳을 보여주며 이 일이 잘되면 전에 못다 한 아버지 노릇을 해주겠다고 하였다. 나는 속으로 제발 그렇게 잘 되시기를 빌었다. 돌아오는데 십만 원짜리 수표 한 장을 주는 것이었다. 거절하면 서운할 것 같아 받아들고 오는데 지금 하시는 사업도 남의 돈으로 하는 것은 아닌지 걱정이 되었다.

그 후 몇 년이 지나 여관비가 밀려 있다고 갚아 달라는 것이었다. 무시하고 사는데 지방에서 어떤 여자가 전화해서 아버지를 모셔가라는

것이었다. 아버지가 묵고 있다는 곳을 동생과 같이 찾아갔다. 방에는 온갖 잡동사니들이 널려 있어 들어설 수 없을 정도였다. 아버지가 원하던 부인과 아들이 있지만, 같이 살 수 없어 여관에 살게 되었다는 것을 짐작할 수 있었다. 아버지가 쓸 물건만 차에 싣고 아버지를 모시고 집으로 왔다. 목욕을 시켜드리다 같이 놓인 발을 보고 닮아 있다는 것을 발견했다. 처음으로 느껴보는 부녀 사이라 쓴웃음이 나왔다.

아버지와 같이 교회에 다니게 되었다. 성경을 읽어 보시라고 하자, 아버지는 줄을 그어가며 읽고 언제 읽었다고 메모를 했다. 드시고 싶은 것이 있느냐고 묻는 일 외에 부녀간에 대화를 나누는 일은 거의 없었다. 아버지는 다리에 힘이 없어 화장실에 가기 전 옷에 소변을 보게 되어 매일 옷을 갈아입어야 했다. 교회에 갔다 오다가 길에 주저앉아 버렸는데 체격이 큰 분이라 일으켜 세울 수가 없었다. 팔을 내 어깨에 두르고 일어나 보라고 했으나 끝까지 거절하였다.

특허 받은 서류를 내 앞에 내놓으며 아버지를 알아 달라고 하였지만, 나는 아무 반응을 하지 않았다. 머리만 좋으셨던 아버지였다. 말년에 아들이 둘이나 있지만 의지하고 살지 못했다. 그 뒤로 밖에 나갈 힘조차 없게 되어 돌아가시는 날을 받아놓았을 뿐이었다. 자리에 눕게 되었을 때도 정신을 놓지는 않았지만 지난 얘기를 하면 상처가 된다고 생각해서 서로 말을 아꼈다.

돌아가시기 전, 이복동생들에게 와서 아버지를 만나보라고 전화했다가 거절당했다. 혹 아버지를 모시게 될까 봐 그러는 것 같았다. 올케가 전화를 받고 무슨 큰언니들이 있느냐고 따져 물었다. 새엄마는 죽을 때까지 우리가 맏이라는 얘기를 하지 않은 것이었다. 올케가 말해준 새엄마의 마지막 모습은, 병원 침대를 팔로 심하게 치다가 부러지는 일이 있었다고 하였다. 그 말을 듣고 새엄마도 불행한 삶이었다고 느꼈다. 아버지 호적에 오르지 못한 두 번째 새엄마에게서 난 남동생이 와서 아버지 임종을 지켰다. 목사님이 오셔서 이마에 손을 얹어 기도하시고 손이 이마에서 거두어지는 순간 운명하셨다. 유골도 남아 있지 않은 어머니 곁에 봉분을 크게 해서 나란히 모셨다.

시누

　시누는 결혼한 남편이 어린 딸을 두고 죽자, 시어머니가 손녀를 두고 친정으로 가라고 했다. 형님 딸은 자기를 버리고 시집간 어머니로 알고 자랐다. 그래서 어른이 되어도 어머니라고 부르지 않았다. 재혼한 남편도 사고로 세상을 떠났다. 그 후 형님은 딸이 낳은 손자 손녀를 데려다 서울에서 가르쳤다. 형님에게 세 놓고 사는 집이 있었다. 나는 집을 딸에게 명의변경을 해주고, 형님은 생활보호대상자가 되어 병원비 혜택을 받으시라고 했다. 형님도 알아보고 집을 딸에게 주고 전세금만 가지고 집을 나왔다. 이 일로 나는 아주버님께 집 없는 노인 만들었다고 원망을 들었다.

　"자네가 어머님 돌아가실 때까지 어떻게 하는지 봤어. 나도 죽을 때가 되면 마지막을……."

　형님이 딸과 반목하고 지내는 것을 알고 있어 그러겠다고 약속했다. 나는 형님이 유방암 수술을 받은 원자력병원에 가서 상태를 알아본 결과 6개월 정도 사실 거라는 말을 들었다.

　"형님, 많이 아프시면 저희 곁으로 오신다고 하셨지요?"

"내가 아픈가?"

"전화했더니 못 받으셨어요."

"알았어. 나 데려가."

형님을 집 근처에 방을 얻어 이사하게 했다. 어느 날 아침, 형님의 다급한 전화를 받고 뛰어가 이불에 피가 떨어진 것을 보았다. 서둘러 병원으로 가서 외과 치료를 받고, 상태가 좋아져 집으로 돌아왔으나 다시 입원하게 되었다. 세 얻은 방은 얼마 살지도 못하고 굳게 닫아두었다. 6인실에 입원하고 있으면서 집에는 반찬만 겨우 해놓고 병원에서 살았다.

"환자분은 자녀가 없으신가 봐요."

"네!"

옆 침대 보호자의 물음에 긴 얘기보다 그게 좋겠다고 생각했다. 그런데 그게 화근이 되었다. 형님은 "아들이 미국에 있다고 그러지. 왜 아들 없는 사람 만들어!" 하며 화를 냈다. 다른 환자들이 자는 시간이라 옥상에 올라가 하늘을 바라보니 어둠 속에 별이 몇 떠 있었다. 한 시간 정도 지나 형님이 잠든 것 같아 내려왔는데 다시 그 얘기를 하는 것이었다. "죄송합니다. 저는 아들이 있어 형님 마음을 몰랐네요. 용서하세요."

그날 밤 형님과 나는 잠을 못 잤다. 병실에서 형님은 당신의 말이 우선이었다. 형님이 TV 끄라고 하고 불도 끄라고 했다. 혼자 살아오느라 인간관계를 어떻게 해야 하는지 몰랐다. 다른 환자분들께 미안해서 고개를 들 수 없었다. 기침으로 인해 목에서 가슴에서 심하게 출혈이 되었다. 목에서 콸콸 나오는 출혈은 급하게 용기를 사용하여야 했다. 외과 의사 선생님과 병원 목사님이 매일 와서 격려해주시고 기도해 주셨다.

아침 회진시간에 선생님은 "집사님, 제가 어제 집사람과 말다툼을 했어요. 그런데 아침에 집사람 마음을 풀어주고 와야 하루가 편해질 것 같아서 어떻게 한 줄 아세요? 까꿍! 했어요." 하며 형님을 한번 웃게 해주려고 공들여 얘기하는데, 형님은 창문만 바라보고 있었다. 나는 암과 사투를 벌이는 형님 곁에서 지켜보고 있을 수밖에 없었다.

"이봐, 자네 나 죽거든 의사 선생하고 병원 목사님에게 식사 한번 거나하게 대접해드려! 나를 인격적으로 대우해주셔서 감사했다고. 또 두 분이 아들 없는 한을 풀어주셨다고……"

"대접하려면 형님 계실 때 할 거예요."

"부탁이 있는데 나 권사 만들어줘!"

형님은 아이같이 조르셨다. 나이가 많으시니 집사님이라고 부르는 소리가 싫었던 것 같았다. 시어른이 목사님이시지만 미국에 가 계셔서 장로님이신 셋째 형님에게 말씀드렸다. 형님이 임명장을 해오시고 병원 목사님이 안수하여 권사 임명식을 병원 침대 위에서 하게 되었다. 그렇게 하는 것이 목사님도 처음이실 것 같았다.

"이 좁은 침상에서 사명을 감당할 수 없는 직분을 받습니다. 이제 권사 직분을 받고 아버지께로 가오니 받아 주시옵소서."

참석한 모두는 눈시울을 적셨다.

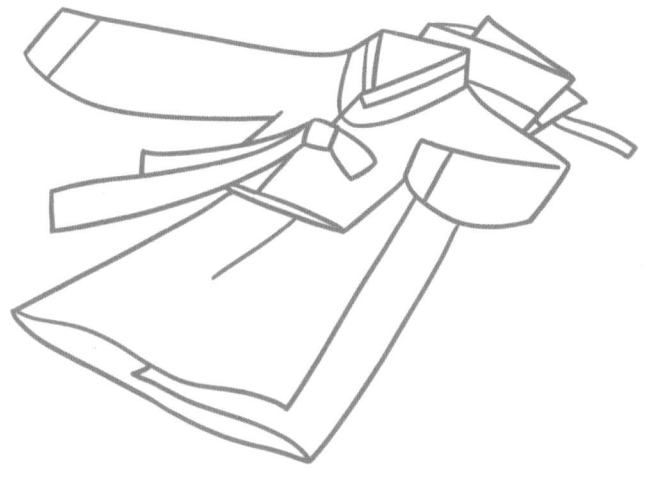

창 넘어 들어오는 석양을 바라보며 형님은 눈을 감으셨다. 나는 형님이 천사들의 보호로 하나님 나라에 들어가기를 간절히 기도했다. 장례를 치르고 며칠 후, 형님 딸인 조카의 집을 찾아갔다. 형님의 집을 헐어 새로 짓고 살고 있었다. 조카에게 어머님 마지막 가시는 길을 지켜드릴 수 없었는지 아쉬움과 함께 형님의 유품과 돈을 주고 나왔다. 딸이 엄마의 모진 병이 자신에게 옮겨질까 봐, 병원에도 오지 못할 거라고 했던 형님의 말을 떠올렸다. 그길로 형님이 다니시던 교회로 갔다. 하나님께 형님의 마지막 헌금을 드리며 예배를 드렸다. 형님을 교회에 모시고 와서 같이 교회에 다녔던 추억이 떠올랐다. 목사님께 여러분이 오셔서 장례식을 잘 치르게 해주어 감사했다고 인사드렸다. 형님이 시키신 대로 전세금에서 교회에 헌금하고, 병원비 지출하고, 시동생과 손주들 주고, 남은 돈은 셋째 아주버님께 드렸다.

형님의 임종을 지키며 느꼈던 바를 적어 본다.

―마지막 가는 분이 운명의 순간에서도 구원을 완성할 수 있게 도와주어야 한다. 또 모든 것을 잘 정리하고 천국에 가는 모습을 처음부터 끝까지 가족들이 지켜보게 해서 식구늘이 천국이 있음을 믿게 해야 한다.

―믿음의 길을 마치고 영광스럽게 하나님의 부름을 받는 것을 가족이 지켜보아야 한다. 마지막은 그 입에서 찬송이 되게 하며, 영혼이 주님을 향하도록 해서 몸에서 제일 늦게 멈추는 귀에 대고 기도해주어야 한다. 그래서 이생에서 천국으로 이사 가는 길을 배웅하며 위대한

생을 마치는 순간을 지켜주어야 한다.

나는 믿는 사람이 먼저 본을 보여야지 하는 마음으로 일을 해왔다. 노인 환자들을 계속해서 모시게 되는 동안이 내 아이들에게는 중요한 시기였다. 내 욕심만 차린다면 우리 아이들에게만 신경을 써야 경쟁 사회에서 도태되지 않게 할 수 있었다. 아이들에게 온 신경을 써도 이겨내기 힘이 드는데 큰애는 인하대를 수석으로 졸업하는 것을 보았다. 또 아들이 고운 아내를 맞아 아들을 낳아 눈높이로 잘 키우고 있는 것을 보면 미안한 생각이 든다. 그동안 내가 하는 일을 이해해준 가족들에게 참으로 고맙다. 어느 날 남편이 "큰집 일 그만하고 우리도 좀 살자." 했지만 나는 일을 멈출 수 없었다. 여기에 다 기록하지 않았지만 많은 일을 사명감으로 하며 살았다. 아주버님이 우리 가족의 선교사가 되어 달라고 했던 말을 지켜야 했으니까.

아들의 사춘기

　자녀들을 잘 키운다는 것은 어려운 일이다. 부모가 바라는 대로 자라주지 않기 때문이다. 나는 아이들 교육을 어떻게 해야 할까 생각할 겨를도 없이 바삐 살았다. 우리가 막내니까 집안 환자들 돌보는 일을 누군가 하겠지 하고 지나칠 수도 있었다. 위에서 말한 바와 같이 아이들이 공부해야 하는 중요한 시기에 엄마는 교회 일은 물론 할머니, 외할아버지, 큰아버지, 고모를 돌보느라 시간을 보내고 있었다. 환자와 지내는 동안 식구들과 대화를 나눌 시간이 없었다. 아무래도 환자 중심으로 집안일이 돌아가기 때문이다. 중학생 아들은 학교에서 돌아오면 말을 하지 않았다. 자기 방에 앉아 장난감 만드는 일에 빠져 지냈다. 아이 혼자서 공부를 해내려다 보니 힘이 들어 나름 쉬는 방법이었을 것이다. 지혜로운 엄마가 되지 못했다는 것을 알게 되었을 때는 이미 늦었다. 아빠의 꾸중을 들은 아들은 옷 가방을 들고 집을 나갔다. 나는 아들 뒤를 따라갔는데 산으로 올라가는 것이었다. 산중턱까지 올라간 아들이 나를 발견하고 입을 뗐다.

　"엄마, 다리 아픈데 왜 따라오세요?"

"너 가고 싶은 데로 가! 미국이든, 부산이든, 차비 주려고 온 거니까!"

아들은 그 자리에 주저앉았다. 나는 아들 마음을 풀어주려고 얘기했다. 이렇게 아들 속상하게 만든 것은 엄마 잘못이었다.

"너 그러고 나가서 해가 지면 갈 곳이 없어, 집에 돌아와야 하는데 그 기분으로 어떻게 들어오겠어. 들어와야 할 때 그 심정을 생각해서 같이 들어가려고 따라왔어. 그만 집에 가자!"

아들은 일어서서 집으로 왔다.

"집에 가면 아빠에게 잘못했다고 해. 집을 나온 것은 잘못이니까. 알았어?"

아들을 본 아빠는 또 꾸중했다. 다시 집을 나가려는 행동을 못하게 하려고 그러는 것 같았다. 나는 다시 나가려는 아들을 주저앉히며, 아버지 앞에 진심으로 잘못했다고 하라고 했다. 그때 아들은 울며 다시는 그러지 않겠다고 빌었다.

학교에서 돌아온 아들이 스스로 대견스럽다는 듯 말문을 열었다.

"엄마, 오늘 학교에서 한 건 했어요."

"무슨?"

"반 친구들 4명이 싸웠거든요. 그 친구들 화해를 시켰어요."

"……"

"네 명에게 쪽지를 쓰게 했어요. 돌려 읽고 나서 화해할 생각이 없다는 거예요. 다시 쓰라고 했더니 읽고 화해했죠. 며칠 지나면 화해할

수도 있었겠지만 빨리 했다는 거예요."

나는 아들 얼굴을 바라보았다. 큰일을 겪고 나더니 정신적으로 성장한 모습을 보았다.

남편이 쉬는 날 산에 같이 가자고 했다. 산에서 내려오고 있는데 말을 하려니 입이 떨어지지 않았다. 너럭바위에 앉아 조금 쉬었다 가자고 남편의 팔을 끌었다. 지는 해를 바라보며 말을 꺼냈다.

"당신은 아버님이 일찍 돌아가시고, 나는 어머니가 일찍 돌아가셨어요. 부모님에게 배웠어도 부모 노릇 하기 어려운데, 우리는 부모 노릇을 잘하고 있다고 볼 수 없겠네요."

남편은 말없이 듣고 있었다. 앞으로 잘 해보자는 무언의 약속을 하며 산에서 내려왔다.

아들에게서 전화가 왔다.

"담임선생님이 대전에서 결혼식을 하게 되었는데, 반 친구들을 설득해서 20여 명이 가게 됐어요. 엄마가 고속버스 표를 사다 주세요!"

나는 터미널에 달려가서 승차권을 사다 아들에게 주었다. 갑자기 가기로 해서 시간이 없었다고 하였다. 그날 밤 집에 돌아온 아들의 얼굴이 하얗게 질려 있었다. 놀란 내가 무슨 일 있었느냐고 물었다. 아들은 차표를 산 돈을 양말 속에 넣고 오다가 깡패를 만나 주머니에 있는 돈을 털어주고 뛰어오는 중이라고 하였다. 몸 하나 상하지 않고 돌아온 아들이 너무 고마웠다.

아들이 사춘기를 보내는 동안 행여 잘못된 길로 가지 않을까 싶어

조바심이 났다. 그래서 다그치고 밀어붙이며 속으로 다른 아이와 비교하는 잘못을 했다. 아들은 성장하는 과정에서 스스로 터득해 나가는 시간이 필요했다. 이를 침착하게 지켜봐주지 못한 잘못으로 엇나가는 사춘기를 보낼 뻔했다는 것을 깨달았다. 마법처럼 어느 날 아이는 정신적으로 어른이 되어 가고 있었다. 부모에게 기대지 않고 자기 길을 찾아가는 것이었다. 아들은 컴퓨터공학과를 나와 직장에 다니며 힘든 경쟁 사회에서 버텨내고 있다. 180cm가 넘는 아들을 바라볼 때마다 든든하기 그지없다.

배움의 길

인천 시민들의 삶의 가치를 한 단계 높여준 〈새얼문화재단〉이 있다. 재단에서 회원에게 책을 만들어 보낼 뿐 아니라, 봄이나 가을에 합창단이나 성악가들을 초청해서 공연을 연다. 살아오면서 음악회에 갈 여유가 없었는데 공연이 있는 날 문화예술회관 높은 계단을 오르며 문화인의 삶을 누리게 되었다.

어느 날 책과 함께 시와 소설 강의가 있다는 안내를 받았다. 어려서부터 시가 좋아 짧은 시를 외우며 지냈던 터라 강의를 듣고 싶었다. 시를 좋아하는 사람들 곁에 있는 것만으로도 좋을 것 같았다. 시 강의 해 주시는 분은 국내에서 유명한 시인이었다. 강의를 듣고 나와 집으로 오는 내내 무언지 모를 행복감에 젖었다. 바라던 일을 하게 되었다는 성취감이었다. 그런데 강의를 들을수록 그 좋은 강의를 다 알아들을 수 없어 안타까웠다. 시를 쓰려면 문학의 흐름을 읽을 줄 알아야 할 것 같았다. 다시 공부해야겠다고 말했더니 남편이 쾌히 허락하면서 응원해주겠다고 하였다.

대학에 가려면 다시 고등학교 과정을 공부해야 하였다. 졸업 후, 문예창작학과에 원서를 내고 싶다고 담임에게 말했다. 담임은 우리 학교를 나온 사람은 그 학과를 지원할 수 없다는 것이었다. 원서도 써보지 못하고 포기하고 있을 때 지인의 전화를 받았다. 서울 모 대학에서 학생을 뽑는데 원서를 내보라는 것이었다. 마감 하는 날 학교로 달려가 원서를 써가지고 대학을 찾아갔다. 그런데 고등학교 고유번호를 써야 하는 항목을 본 순간 당황하고 있을 때, 고등학교 고유번호가 적혀 있는 책자를 발견했다. 찾아보니 내가 나온 고등학교 이름이 있었다. 다행이라 여기고 불안한 마음으로 입학원서를 들고 접수하려고 하는데, 글을 써서 상을 받은 적이 있어야 하였다. 그리고 그 상을 준 곳은 학교에서 원하는 서류상으로 인정을 받아야 했다. 문예지에서 신인상을 받은 적이 있는 詩가 기록된 책을 보였다. 그랬더니 그 잡지사에 전화해서 오늘 중으로 서류를 메일로 받게 하라고 하였다. 날이 저물어 마감 시간이 되어 가는데 그곳에서 전화를 받지 못하면 끝이었다. 나는 그날 원하던 문예창작학과를 지원하고 돌아오는 길은 꿈만 같았다.

  내 나이 칠순 가까이에서 대학 생활을 시작하게 되었다. 아침 일찍 차를 몰고 대학교를 향해 양화대교를 건넜다. 아침 햇살이 강물에 빛을 내는 것을 보며 하나님께 감사하였다. 예전에 대학에 가고 말겠다고 했는데 그 소망을 이루게 되었다. 무엇보다도 좋아하는 시인 교수님을 만나게 된 것은 행운이었다. 젊은이들과 같이 대학 생활을 하면서 나이를 잊어버렸다. 강의실을 나와 다른 강의를 듣기 위해 건물을 찾아가는 일도 일과가 되었다. 다만 조 활동을 하게 될 때 젊은이들이

좋아하지 않을 것 같아 신경을 써야 하였다. 시나리오를 써서 그 내용으로 촬영해오는 과제를 받고, 조원들이 좋은 점수를 위해 애쓰는데 내가 할 수 있는 것이 없었다. 조 배정을 받은 한 학생이 내게 와서 무어라고 부를지 물었다. 나는 '이모'라고 부르라고 했다. 그렇게 딸 같고 아들 같은 학생들 틈에 끼어 매일 강의를 들으러 다녔다. 대학 도서관에서 책을 대여 받아 들고 나오며, 내 인생에 이렇게 행복한 날이 있었는지 되돌아보게 하였다. 한 학기 동안 소설 몇 편을 써야 하고 시를 써서 조원의 강평을 들어야 했다.

그동안 쓴 시를 인천문화재단에 투고하여 문예창작기금을 받게 되었다. 내 아이들에게 칠순 잔치에 시집을 내겠다고 한 약속을 지키게 된 일이 무엇보다 기뻤다. 시집 『우주가 잠들었을 때 나는 달이 되었다』를 출간하고 지인을 불러 칠순 잔치 겸해서 출판기념회를 하였다. 그동안 참 지난한 시절을 견뎌온 내 삶이 다시 시작되는 순간이었다.

    툇마루에 할머니가 앉아 있다
    할머니,
    질화로에 꽂힌 인두로
    장죽에 불을 붙인다
    푸른 연기가 이마 앞에 앉았다가
    흩어진다

토방을 두들기던 장죽에서
붉은 재가 쏟아진다

산처럼눈쌓인날친정에온딸이진통을한다할머니는방바닥에
볏짚을깔고딸의흰이마를언손으로쓸어내린다새까맣게소리를
지르고잠시시간이멈춰선후아이의울음이터진다한숨돌린할머
니가부엌에서물을데우고있다순간가슴에벼락을치듯산모의머
리가벽에부딪는소리가난다딸의혼이빠져나가는끝을잡고할머
니는정신을잃는다

툇마루에 앉아 담배 태우는 할머니
나는 할머니 곁에 앉아
오동나무 이마 위 푸른 달 속에
어머니를 걸어둔다

토방 앞에 흰 고무신 한 켤레 놓여 있다
기왓장 틈에서 풀들이 흔들린다

―「툇마루」 전문

이 도서의 국립중앙도서관 출판시도서목록(CIP)은 서지정보유통지원시스템 홈페이지 (http://seoji.nl.go.kr)와 국가자료공동목록시스템(http://www.nl.go.kr/kolisnet)에서 이용하실 수 있습니다.(CIP제어번호: CIP2018035339)

셋이 타는 자전거
ⓒ임경자

초판 1쇄 인쇄 2018년 11월 12일
초판 1쇄 발행 2018년 11월 19일

지은이   임경자
펴낸이   고영
책임편집 서윤후
디자인   헤이존
펴낸곳   다이얼로그
출판등록 제311-2013-000066호
주소   서울시 마포구 마포대로 11길 91, 3층
전화   02-852-1977 팩스 02-852-1978
전자우편 sbpoem@naver.com

ISBN 979-11-5896-399-6 03810

*이 책의 판권은 지은이와 문학의전당에 있습니다.
*양측의 서면 동의 없는 무단 전재 및 복제를 금합니다.
*잘못 만들어진 책은 바꿔드립니다.